CATEQUESE
E
EVANGELIZAÇÃO

PE. GUILLERMO D. MICHELETTI

CATEQUESE E EVANGELIZAÇÃO

EDITORA
SANTUÁRIO

Imagem da capa: *O chamado dos primeiros discípulos*
Cláudio Pastro - Santuário Nacional de Nossa Senhora Aparecida

Dados Internacionais de Catalogação na Publicação (CIP) de acordo com ISBD

M623c Micheletti, Guillermo D.

Catequese e evangelização / Guillermo D. Micheletti. – Aparecida : Editora Santuário, 2023.
144 p.; 14cm x 21cm.

Inclui índice e bibliografia.
ISBN: 978-65-5527-398-4

1. Religião. 2. Cristianismo. 3. Catequese. 4. Evangelização. I. Título.

2024-64 CDD 240
CDU 24

Elaborado por Odilio Hilario Moreira Junior – CRB-8/9949

Índice para catálogo sistemático:
1. Religião : Cristianismo 240
2. Religião : Cristianismo 24

1ª impressão

Rua Pe. Claro Monteiro, 342 – 12570-045 – Aparecida-SP
Tel.: 12 3104-2000 – Televendas: 0800 - 0 16 00 04
www.editorasantuario.com.br
vendas@editorasantuario.com.br

Siglas

CDC *Código de Direito Canônico*

CIC *Catecismo da Igreja Católica*

CV2 *Concílio Vaticano II*

DGAE *Diretrizes Gerais da Ação Evangelizadora da Igreja no Brasil 2011-2015*

DV *Dei Verbum* (Constituição sobre a Palavra de Deus - Concílio Vaticano II)

DAp *Documento de Aparecida*

DpC *Diretório para a Catequese* (Nova versão do Pontifício Conselho para a promoção da Nova Evangelização)

EG *Evangelii Gaudium* (Exortação Apostólica sobre o anúncio do Evangelho no mundo atual – Papa Francisco)

FT *Fratelli Tutti* (Carta Encíclica sobre a fraternidade e a amizade social – Papa Francisco)

GeE *Gaudete et Exsultate* (Exortação Apostólica sobre o chamado à santidade no mundo atual – Papa Francisco)

IGMR *Introdução Geral ao Missal Romano*

LG *Lumen Gentium* (Constituição *sobre a Igreja* – Concílio Vaticano II)

RICA *Ritual de Iniciação Cristã de Adultos*

REx *Ritual de Exéquias*

SC *Sacrosanctum Concilium* (Constituição sobre a *Sagrada Liturgia* – Concílio Vaticano II)

VD *Verbum Domini* (Exortação Apostólica pós-sinodal sobre a Palavra de Deus na vida e na missão da Igreja – Bento XVI)

Apresentação

Foi-me dada a incumbência de apresentar este livro, cujo autor é o Pe. Guillermo D. Micheletti, presbítero da diocese de Santo André, SP. Ele dispensa referências mais detalhadas porque é um benemérito articulista que orienta a respeito de assuntos catequéticos, produzindo textos ao alcance de todos, especialmente aos pais e catequistas. A meu convite, aceitou colaborar com a revista O Mensageiro de Santo Antônio tratando temas relevantes, relacionados com a formação religiosa. E, reunindo os artigos já publicados, eis uma coletânea que a Editora Santuário está colocando à disposição dos leitores, para que desfrutem da orientação que lhes é oferecida. Com toda a razão, o papa Francisco, em sua última Encíclica de inspiração franciscana "Fratelli Tutti", escreveu que "o ser humano não se realiza, nem se desenvolve, nem pode encontrar sua plenitude a não ser por um sincero dom de si mesmo" (n. 87). Cremos, firmemente, que a fé cristã é a chave que abre o coração humano para aquela expansão que resulta no dom de si mesmo, exatamente em vista de uma vivência de amor a Deus e ao próximo. É algo fundamental para todos nós! A catequese visa conseguir essa abertura. Temos, portanto, de tentar preencher de fé e amor nossa vida humana, desde os primeiros momentos de nossa existência até o final. Só assim garantimos uma vida mais plena, de harmonia e paz para nós e para nossos semelhantes. Diante dos enormes desafios que o mundo de hoje nos propõe, neste livro há indicações preciosas para que catequistas, pais e educadores possam aproveitar os encontros catequéticos, as atividades e as ocasiões, inclusive o Ano Litúrgico, para uma efetiva evangelização de crianças, jovens e adultos. Estamos carentes de leituras como esta que está em suas mãos. Deus nos dê a graça de "sonhar juntos" um mundo mais fraterno, solidário e justo! Nesse sentido, a catequese representa um processo educativo e vivencial, uma obra a ser sempre prestigiada, amada e apoiada!

Frei Diogo Luis Fuitem, *OFMC*
Ex-Diretor da Revista Mensageiro

Em modo introdução...

"O conhecimento não tem fronteiras; a sabedoria não possui raça ou nacionalidade. Fecharmos os olhos às ideias é fechá-los para o Reino de Deus" (AL MA'MUN, filósofo muçulmano).

"Quem não proclama a verdade quando a conhece se faz cúmplice dos mentirosos e covardes" (Charles PEGUY).

O novo *Diretório para a Catequese*, há pouco tempo publicado, deu amplo destaque à necessidade de uma qualificada formação dos catequistas (cf. DpC – Primeira Parte – Capítulo IV. 130-181), porque parece urgente – e é mesmo – *revigorar e atualizar o serviço catequético nas comunidades cristãs* e é certo que catequistas bem formados e que vivem seu serviço catequético como privilegiada vocação eclesial contribuem a uma destacada e eficaz ação catequética e evangelizadora na Igreja (cf. DpC. *Apresentação*).

Somente uma catequese que se empenhe para que cada pessoa amadureça sua própria e original resposta de fé em uma dinâmica transformadora, que é, em definitiva, uma ação profundamente humana e espiritual, poderá atingir o grande anseio da Igreja: *formar autênticos discípulos do Senhor* (cf. DpC. *Introdução* 3).

Acolhendo o convite feito pelo caríssimo Frei Diogo, membro da redação da *Revista Mensageiro de San-*

to Antonio,[1] para contribuir com a Revista com temas catequéticos, comecei a publicar, quase todos os meses, um breve artigo.

Tempo depois, surgiu a ideia de juntar esses artigos, para, após acurada atualização e ampliação dos conteúdos, serem publicados.

Apresentei a ideia aos responsáveis da Revista, e eles acharam oportuna uma ampla divulgação desses escritos. Contei sem dúvida com o total apoio de Frei Diogo, a quem agradeço sua disponibilidade e generosidade em liberá-los para sua publicação em forma de livro.

O que procuro com esta publicação? Pois bem, foi para mim uma grande alegria a publicação do *Novo Diretório para a Catequese* em que se manifesta a preocupação por uma formação autêntica dos catequistas diante dos desafios de uma nova evangelização do mundo atual. Isso implica harmonizar, com sabedoria e o devido equilíbrio, a vida e as inquietudes das pessoas e as verdades da fé vividas e confessadas, isto é, implica o crescimento pessoal do cristão alicerçado na dimensão comunitária (ação litúrgica e social), o cuidado com as dinâmicas espirituais e a dedicação ao compromisso com a justiça e o bem comum.

Entre os elementos imprescindíveis de uma vigorosa formação para os catequistas, o Diretório promove uma formação integral, que envolve tarefas e itinerários de iniciação, de educação e de ensinamento, pois, hoje, mais do que nunca, precisamos de catequistas que sejam, ao mesmo tempo, mestres, educadores e testemunhas.

É preciso ainda que o catequista *amadureça na docilidade*, isto é, na disponibilidade de se deixar tocar pela graça, pela vida, pelas pessoas em uma atitude serena e positiva em relação à realidade em que está inserido, para *aprender a aprender*. Além disso, a *disponibilidade à autoformação*, que lhe permite fazer seu próprio itinerário formativo e saber como aplicá-lo em seu serviço eclesial. De modo concreto, trata-se de se entender como *sujeito sempre em formação e aberto às novidades do Espírito*, de saber cuidar e alimentar sua própria vida de fé, de acolher o grupo dos catequistas com fonte de aprendizagem, de cuidar em se manter atualizado (cf. DpC – *Capítulo IV – A formação dos catequistas* 135).

Diz Santo Tomás de Aquino que "o amor não evita as dificuldades, pelo contrário, ele é o vigoroso impulso para empreendermos coisas maiores". Pois bem, espero que esta publicação contribua para que o coração dos catequistas continue "à procura de coisas maiores" (*Duc in altum – Lucas* 5,1-11). Vamos tentar acender o coração dos catequizandos com a vivificante Luz que Jesus de Nazaré emana!

Vosso amigo catequeta,
Pe. Guillermo

I

Pensamentos do papa Francisco sobre a Catequese

I

A Catequese e a alegria – segundo a *Evangelii Gaudium*

"... a catequese sabe indicar o bem desejável, a proposta de vida, de maturidade, de realização, de fecundidade para fazer dos fiéis mensageiros alegres de propostas altas, guardiões do bem e da beleza que resplandecem em uma vida fiel ao Evangelho" (EG 84c).

O papa FRANCISCO começa sua preciosa e profética Exortação Apostólica Evangelii Gaudium (EG): "A alegria do Evangelho", dizendo: "A alegria do Evangelho enche o coração e a vida inteira daqueles que se encontram com Jesus. Quantos se deixam salvar por ele são libertos do pecado, da tristeza, do vazio interior, do isolamento. Com Jesus Cristo, a alegria renasce sem cessar... (e convida os cristãos) para uma nova atitude evangelizadora marcada por essa alegria..." (EG 1).

O Papa sabe que os catequistas têm pela frente uma destemida missão: o panorama do mundo com sua avassaladora oferta de consumo e a tristeza que produz o individualismo levando os corações a desabarem no comodismo e na mesquinhez, na busca desenfreada de prazeres superficiais, que geram consciências isoladas e desoladas. A perda do sentido do comunitário, provocada pelo individualismo, "favorece um estilo de vida que debilita o desenvolvimento e a estabilidade dos vínculos entre as pessoas", levando-as a se afastarem da comunidade eclesial e a procurarem "esconder-se e livrar-se dos outros". Como diz Charles Taylor, descrevendo as atitudes das pessoas que procuram a "promoção do *eu impermeabilizado*, alérgico aos compromissos relacionais" (cf. CNBB. *Iniciação à Vida Cristã: itinerário para formar discípulos missionários* [Doc. 107]. 53c).

A alegria do Evangelho – no olhar do Papa – é uma expressão que favorece o amor do catequista, que manifesta ser portador da Bela Notícia de Jesus Cristo; a "única bela notícia" que mergulha na autêntica alegria de viver. Mas isso não é óbvio. Não poucas vezes, o anúncio e a pregação do Evangelho apresentam um matiz *moralista*, ou seja, a vida cristã aparece apenas como uma série de mandamentos e rígidas prescrições disciplinares. Parece que seu anúncio é supervisado em sua exatidão doutrinal, perdendo sua liberdade e a sua criatividade, própria da espontaneidade manifestada no pastoreio e da pregação dos primeiros escritores da Igreja (Padres da Igreja);[2] outras, o Evangelho é adaptado a programas pastorais demasiadamente rígidos e estruturados, não permitindo que sua vitalidade supere esquemas pastorais preconcebidos. Tudo isso levou ao cansaço e ao desânimo de muitos catequistas (entre outras lideranças), fazendo com que o fascínio do anúncio do Evangelho perdesse a alegria e o frescor de sua novidade.

Isso se compreende melhor quando se estuda atentamente o *Documento de Aparecida*. Concordamos com ele quanto à descrição das transformações que atingem todos os setores da vida humana. Nele, diz-se enfaticamente que *já não vivemos uma época de mudanças, mas uma mudança de época*, que exige – a meu ver –, de modo urgente, *passar de uma cate-*

quese de conservação a uma catequese de proposta (cf. DAp 44-59). Os bispos da França reforçam esse parecer, dizendo que a "atual situação social requer atenção à situação de (passar) da pertença '*aceita e não questionada*', a uma *participação 'escolhida'*, alicerçada em uma *decisão consciente*, desenvolvida de modo gradual".[3]

Isso implica que os catequistas "*devem abrir os olhos*" às situações da atual descristianização; por isso não podem seguir desenvolvendo esquemas catequéticos ultrapassados ou apenas para segurar a manutenção. Muito pelo contrário, de forma corajosa, devem *ousar e mudar de rumo*: passar de um estilo defensivo e autorreferencial (Igreja *para dentro*) a um estilo de proximidade, de diálogo, de procura, de acolhida, de disponibilidade, com propostas menos burocráticas e abertas à missão e ao anúncio querigmático; isto é, maior corresponsabilidade e menos divisões e – porque não –, menos clericalismo autoritário... Em poucas palavras: "irmos ao essencial, ao coração da fé".[4]

Diz o Papa que, para que a catequese – e o *Diretório para a Catequese* o confirma – torne-se *anúncio eficaz e cheio de alegria evangélica*, não pode negligenciar os seguintes pressupostos: a) *O anúncio querigmático* como primeiro momento, que manifeste a alegria do encontro com Jesus Cristo, para aderirmos a ele fascinados e convictos. b) Que o *querigma* esteja presente no coração da fé e reúna o essencial da mensagem cristã, em uma catequese que manifeste a doce ação do Espírito Santo, que comunique o amor salvífico de Deus em Jesus Cristo e que continue a se doar pela plenitude da vida de cada pessoa (EG 164-165).

Depois, *é preciso* cultivar e aprofundar o caminho da *mistagogia*, experiência de contemplação de Jesus como modelo para toda a vida cristã, que exige uma necessária e progressiva experiência formativa, em que toda a comunidade estará comprometida, mediante uma renovada valorização da Liturgia, da Palavra e do Ensino Social da Igreja. A mistagogia deve inserir o catequizando em uma experiência envolvente de vida comunitária, verdadeira colmeia em que se nutre a vida de fé. Essa experiência formativa é progressiva e dinâmica, rica em sinais e linguagens, favorável à integração de todas as dimensões da pessoa. Tudo isso se refere diretamente à conhecida intuição, bem enraizada na reflexão catequética e na pastoral eclesial, que *inspira a ação catecumenal da catequese*, para se tornar cada vez mais necessária e premente (cf. EG 166; DpC. *Introdução* 2).

Sem esquecermos *o caminho da beleza*, que toca profundamente o coração humano e faz resplandecer a verdade e a bondade do Ressuscitado. Entram aqui também todas as considerações da beleza mistagógica do espaço celebrativo que emoldura a beleza das celebrações comunitárias. Pois, como diz Cláudio Pastro, a igreja hoje, a de pedras (e de outros materiais nobres), *deve ser o anúncio e testemunho de Jesus Cristo,* como também sua arquitetura deve ser uma mistagógica catequese viva para educar, moldar os que aí vivem e a buscam. O presbítero e a comunidade passam, mas as pedras ficam.[5] Como afirmava o poeta Paul CLAUDEL: "*A beleza salvará o mundo*".

Tudo isso, se vivido com alegria, fará dos catequistas novos e entusiasmados discípulos de Jesus que, com seu entusiasmo, devem superar o perigo da *acedia* (cansaço, indiferença, abatimento), que amarga tudo e que, empobrecendo a vida, mata, no coração dos catequistas, aquela alegria que lhes permite enfrentar corajosamente o mundo sem esperança. Assim, a acedia destrói a alegria fraterna que cultiva o prazer de saber compartilhar a vida, abalando a alegria da paciência e da esperança.[6]

Disso vem o conhecido *leitmotiv* do Papa FRANCISCO: "Não nos deixemos roubar a alegria", sobretudo no entusiasmo pastoral e catequético (EG 80), no anúncio apaixonado do Evangelho e na alegria da evangelização (EG 97), na esperança (EG 86), na vida de comunidade (EG 92), no ideal do amor fraterno (EG 101); enfim, na força missionária (EG 108).

Os catequistas, levados a penetrar contemplativamente o mistério cristão, terão força para anunciar e vivenciar a *Boa Notícia de Jesus Cristo*, levar os catequizandos a uma gostosa atração de sua presença. Crescerão na alegria de possuir um coração de mãe, que gere novos filhos amados do Pai, irmãos de Jesus Cristo. Terão uma contagiante experiência de encontro com Jesus Cristo, gerando espaços de encontro e de solidariedade entre aqueles homens e aquelas mulheres atraídos pela novidade cristã (EG 75), sobretudo nos grandes areópagos modernos e centros urbanos, onde as pessoas estão, infelizmente, expostas ao perigo da desumanização e da degradação humana. Lançar-se-ão audaciosamente à reconfiguração do campo da cultura, em que o encontro com a verdade do Evangelho possibilitará a credibilidade, construirá caminhos com propostas desejáveis para que o Evangelho, tão desconhecido e deturpado, seja novamente acolhido com fascinação e encanto.

Dito isso, a alegria entusiasmada pela proposta da vida, da pessoa e do estilo de vida de Jesus Cristo deve levar os catequistas a anunciar o Evangelho a todos, em todos os lugares e em todas as ocasiões, aproveitando com inteligência todas as oportunidades, sem medo, sem vergonha, com a alegria de viver e compartilhar a novidade de serem testemunhas da fé, experimentando pessoalmente a contagiante alegria de serem discípulos de Jesus Cristo (cf. EG 80.265).[7]

A alegria de ser cristão é uma escolha de vida tão preciosa, que o filósofo alemão Friedrich NIETZCHE (1844-1900), mesmo se reconhecendo pouco adepto ao cristianismo, escreveu em seu livro "*O Anticristo*", que, para ele, a grandeza do cristianismo consiste em "*não* fazer-muitas-coisas, senão *ser* de outra forma".[8]

2

Aspectos catequéticos da Encíclica "Fratelli Tutti", do papa Francisco

"(A Encíclica papal deve ser lida neste contexto): Vivemos em um mundo antifraterno, radicalmente antifraterno. Cain e Abel seria o nome certo a darmos à humanidade do planeta terra. O velho sonho da modernidade, de viver a liberdade, igualdade e fraternidade (por sinal, profundamente cristãos!), converteu-se em 'arbitrariedade desigualdade e hostilidade', quando não, em 'ódio'. Os direitos humanos, despidos de seus deveres, converteram-se em uma escusa individualista para submeter os mais fragilizados" (González FAUS).[9]

"No futuro, os homens não se distinguirão segundo que acreditem ou não em Deus, senão pela responsável atitude assumida diante dos pobres e das vítimas da insana história humana" (Emmanuel MOUNIER – 12/4/1905-22/3/1950) (FRANCISCO. Fratelli Tutti).

Diante do túmulo de São Francisco...

Em 3 de outubro 2020, o papa FRANCISCO, após singela celebração da Eucaristia, assinou, diante do túmulo do "poverello de Assis", a Carta Encíclica Fratelli Tutti: sobre a fraternidade e a amizade social

(FT).[10] Como diz um grande amigo do Papa: "Se alguém não sabia como o papa FRANCISCO pensa, com esta nova Encíclica não fica dúvida nenhuma. Nela, está seu pensamento social bem claro".[11]

Trata-se de uma "*encíclica social*", como diz no subtítulo: "Sobre a fraternidade e a amizade social", fruto maduro do encontro inter-religioso ocorrido em Abu Dhabi (28/02/2019), inspirada no fraterno diálogo com o líder muçulmano o Grão-Imã de al–Azhar, Ahmad al–Tayyeb. Nesse encontro, os dois líderes religiosos assinaram o *Documento sobre a Fraternidade Humana para a Paz Mundial e a Convivência Comum.*[12]

Oito capítulos que não têm desperdício

> *"Hoje a Fratelli Tutti representa uma poderosa rocha no pântano das ideias, da política, de uma fé estagnada." (Massimo BORGHESI)*

Após uma simples introdução, a FT percorre **oito expressivos capítulos** (desenvolvidos em **287 números**), que articulam temas e sonhos que o Papa já havia compartilhado em diferentes ocasiões, seja nas audiências das quartas-feiras, seja em múltiplos encontros com instituições sociais. Agora, na FT, esses temas foram revestidos de novos aprofundamentos e novas reconfigurações diante das confusas e dramáticas circunstâncias da humanidade.

No Primeiro capítulo: a FT descreve, sem exaustividade, algumas tendências que hoje aparecem prejudiciais ao desenvolvimento da fraternidade universal. O papa FRANCISCO destaca, entre essas tendências: a fragilidade da política, o poder dos mercados, o esvaziamento de sentido de conceitos, como democracia, liberdade, justiça, unidade; o abandono e o desleixo da casa comum (casa planetária); a lamentável e incompreensível situação de pobreza e de desigualdade entre as pessoas e entre as nações; o racismo e o desprezo à dignidade feminina. Bento XVI já dizia que *a sociedade globalizada nos faz mais próximos, mas cada vez menos irmãos*... estamos mais sozinhos do que nunca neste planeta massificado, onde prevalecem os interesses individuais e se enfraquece a dimensão comunitária da existência. No entanto, apesar de tantas sombras que "não devem ser ignoradas", o Papa, como profeta da esperança, insiste na FT para *ecoar criativos caminhos de esperança* (FRANCISCO. *Fratelli Tutti*. 9-55).

No Segundo: aqui a FT dedica uma singular reflexão sobre a parábola do Bom Samaritano. O Papa aproveita dessa inusitada atitude para nos questionar sobre não quem são os que estão próximos de nós, mas como podemos *nos tornar próximos de nós mesmos*... (FT. 56-86).

No Terceiro: a Encíclica descreve a necessidade de que o ser humano se entenda fazendo parte de um amplo tecido de relações, abrindo caminhos de acolhimento entre todos. Trata sobre o reconhecimento da dignidade humana e do destino universal dos bens. Para tal objetivo, é preciso uma ética global que se coloque a serviço da solidariedade e da cooperação para um futuro que será marcado pela *corresponsabilidade* entre toda a família humana, se não se quer entrar em "falência generalizada" (*Idem* 87-127).

A crise mundial (pandemia do Covid-19 entre outras) deixou ao descoberto a cultura do descarte, dos que não têm moradia digna nem água tratada; elemento – este último –

essencial para a higiene pessoal e social. A FT se lamenta denunciando a situação dos que vivem amontoados em cortiços nas cidades, em centros de retenção de migrantes, em campos de refugiados, onde o povo passa anos, sem higiene, alimentação suficiente e vida digna (*Idem* 87-127).

No Quarto: a FT toca os corações dos homens de boa vontade para se abrirem ao mundo inteiro. O Papa refere--se ao que torna a fraternidade uma realidade encarnada e concreta. Perante o problema da migração, propõe promover quatro ações (verbos) direcionadas à valorização da fraternidade humana: *acolher, proteger, promover e integrar* a construção de cidades e países (*Idem* 128-153).

Na verdade, os **capítulos III** e **IV**, dedicados à abertura ao mundo e ao coração, pressupõem uma *antropologia relacional* que une personalismo e pensamento dialógico. Uma antropologia que permite alertar contra as "*falsas polarizações*" atuais, o contraste entre uma globalização liberalista, falsamente universalizante, e um populismo particularista que falsifica o conceito do povo.[13]

No Quinto: aqui a FT se debruça, de modo apelativo e insistente, na relevante questão do exercício de uma "*política qualificada*", nobre atividade que deve iluminar todo serviço para o bem comum autêntico. Salienta que a qualidade das relações humanas cresce com a educação, hábitos de solidariedade e com uma visão integral e profunda da vida humana. Enfim, o Papa fala da *íntima relação entre a caridade social e a política,* ações humanas que não podem submeter-se nem ao poder econômico nem ao paradigma da eficiência tecnocrática. A economia, por sua vez, deve promover um projeto comum para o bem presente e futuro da humanidade (*Idem* 154-197).

No Sexto: a Encíclica destaca o "*diálogo e a amizade social*" como caminhos para uma nova cultura do respeito mútuo e da valorização, em que todos podem contribuir publicamente com a comunicação entre as disciplinas científicas e entre outros saberes, de modo a permitir o conhecimento mais pleno e esclarecido de toda a realidade. A FT insiste na *bondade* que pode nos livrar da violência e da crueldade, por vezes, presente nos relacionamentos humanos; bondade que pressupõe *o apreço e o respeito* como caminhos de consenso para superar a exasperação, que derruba pontes vitais de convivência (*Idem* 198-224).

No Sétimo: A FT descreve "*caminhos de reencontro*", de paz, processos de cura empreendidos com engenhosidade e audácia, que podem levar à cura de muitas feridas escondidas. Trata da importância da verdade, da justiça, da misericórdia e do direito que os povos têm de saber o que acontece. Trata também dos grandes e tremendos conflitos humanos que "*não devem ser esquecidos*", mas "lembrados continuamente" para que as gerações futuras conheçam o que pode gerar o horror da barbárie humana (*Idem* 225-270).

No Oitavo e último capítulo: A FT insiste na importância fundamental e decisiva de as religiões se colocarem "*a serviço da fraternidade no mundo*". Isto é, fomentar a construção de uma sólida fraternidade para valorizar a *dignidade comum de cada ser humano como filho ou filha de Deus*.[14] O diálogo inter-religioso tem como objetivo estabelecer amizade, paz, harmonia, compartilhando valores e experiências morais e espirituais entre todas as legítimas confissões de fé como amoroso serviço à verdade. Esse diálogo, para que seja legítimo, deve procurar abrir sempre caminhos fecundos e fraternos na procura do bem comum para a promoção dos mais empobrecidos. Não pode ficar do lado na luta mancomunada contra aquela violência que decorre de deformadas convicções religiosas, pois o culto sincero e humilde a Deus sempre levará a respeitar a sacralidade da vida, a dignidade e a liberdade dos outros e a um sério compromisso de amor para com todos (FT 271-287).

Aspectos importantes para trabalhar na catequese

A arte do encontro. Esta atitude, manifestamente promovida pelo Papa, na FT adquire um novo e mais rico desenvolvimento. Adverte-se que em nossa sociedade alguns riscos podem afetar um verdadeiro encontro. Por exemplo, uma comunicação virtual que leve a acreditar que uma *live* ou a *internet* bastam para estarmos "integrados como pessoas", a necessidade de consumir sem limites, a acentuação de múltiplas formas de individualismo sem conteúdo, as grandes palavras: unidade, fraternidade, liberdade, democracia, esvaziadas de sentido ou manipuladas em novas formas de colonização cultural; uma cultura midiática e virtual que tende a exasperar, exacerbar e polarizar opiniões. Por diversos caminhos se nega aos outros o direito de existir e de opinar, recorrendo à estratégia de ridiculizar, suspeitar deles, cercá-los, quando não cair em "redes digitais de ódio e destruição"; espiados e vigiados, a vida exposta a um controle constante... O respeito ao outro se fragmenta, e a cultura do encontro se torna tarefa e missão praticamente irrealizável.[15]

A dignidade de cada ser humano além das circunstâncias. O Papa estimula todos a um amor verdadeiramente universal, que supõe a convicção básica de todo humanismo: o valor imenso, inalienável e inviolável de toda pessoa humana e sua dignidade que ninguém tem direito a ignorar ou a danificar.

Que essa seja uma das grandes chaves da FT fica claro quando FRANCISCO diz que o fato de que alguém seja pouco eficiente ou haja crescido com limitações não menoscaba sua imensa dignidade como pessoa humana, pois sua dignidade não se fundamenta nas circunstâncias senão no valor de seu ser humano. Quando este princípio elementar não fica a salvo, não há futuro nem para a fraternidade nem para a sobrevivência da humanidade.

Para isso o Papa lamenta quando a condição de origem da pessoa determina menores possibilidades de vida digna e de desenvolvimento. O descaso, por causa de lucros, dos menos favorecidos pela terra e pela pobreza, resulta em uma humanidade sacrificada em benefício de setores humanos mais avantajados e que se acham superiores.

O destino comum dos bens. Com o anterior princípio, como se fosse a face da mesma verdade, aparece a questão de uma adequada compreensão da propriedade privada, subordinada e submetida ao princípio superior do destino comum dos bens, pois o mundo existe para todos, porque todos nascemos nesta terra com a mesma dignidade.

Por uma parte, lembra o ensino católico consolidado: junto ao direito à propriedade privada – que não é direito absoluto e sagrado –, ainda mais importante e anterior, é o princípio da subordinação de toda propriedade ao destino universal dos bens da terra; isto é, um simples meio de realizar o verdadeiro direito primário: o destino comum dos bens da terra para todos os seres humanos; portanto o direito de todos a seu uso. Ao fazê-lo, retoma palavras contundentes de JOÃO PAULO II, que não foram devidamente recolhidas no pensamento social. E assinala, por outra parte, que a esse princípio do uso comum dos bens se submetem "todos os demais direitos sobre os bens necessários para a realização integral das pessoas, incluídos o da propriedade privada e de qualquer outro. Certamente, não nos podemos iludir que, no atual sistema capitalista liberal da sociedade, isso "soara como uma verdadeira utopia".

Apenas para pensarmos..., coloco duas afirmações de reconhecidos homens de Igreja sobre os bens que possuímos em demasia: São João CRISÓSTOMO: "Quem é demasiado rico ou é ladrão ou filho de ladrão". E o grande pregador francês, Jacques-Bénignc BOSSUET[16], acrescentava: "No fundo de toda grande riqueza, existe alguma imoralidade"; e, falando sobre o coração que ambiciona riquezas: "A ambição é, entre todas as paixões humanas, a mais corrosiva em suas aspirações e a mais desenfreada em suas cobiças e, todavia, a mais astuta nas ocultas intenções e a mais ardilosa na execução de planos..."

A necessidade de cultivar uma sã política. A FT deseja, finalmente, reivindicar a nobreza da ação política, pois ela entende que a criação de um mundo novo, onde há lugar para o desenvolvimento de todos, requer também uma política adequada, e não será possível sem ela.

> O Papa FRANCISCO aqui denuncia uma perigosa tendência da sociedade manipulada ideológica e midiaticamente, que propõe sutis alternativas para submeter o serviço político para colocá-lo por debaixo do império da liberdade de empresa e dos interesses dos poderosos. Trata-se de uma política denegrida, que, submetida à economia e aos poderes tecnocráticos, enfraquece os Estados e tende a criar um mundo sem pátria e sem fronteiras.
>
> Isso certamente convém a alguns setores, mas não à maioria desprovida. Porque a maioria não nasceu em famílias de boa posição econômica, recebendo boa educação, crescendo bem alimentada ou possuindo naturalmente capacidades destacadas. O que implica seguramente que não necessitará de um Estado ativo; apenas reclamará – se possível – de maiores liberdades. Evidentemente, não cabe a mesma regra para as pessoas com discapacidade, para os que nasceram extremadamente pobres e, com isso, também poucas possibilidades de curar adequadamente suas enfermidades, sem nos esquecermos de certa educação de baixa qualidade. Por isso, se a sociedade é estruturada absolutamente a partir de critérios de *liberdade de mercado e da eficiência*, lamentavelmente não haverá lugar para "os

fragilizados", e a fraternidade será apenas uma *expressão vaporizada e romântica demais*.

Portanto, a FT insiste na necessidade de fortalecer uma sã e revigorada ação política. O mercado só não resolve tudo, embora alguns desejem maldosamente fazer acreditar nesse dogma de fé neoliberal. Trata-se de um pensamento pobre, repetitivo, que propõe sempre as mesmas receitas, diante de qualquer desafio que se apresente. Ao mesmo tempo, o Papa adverte sobre os defeitos de políticas populistas desviadas.

Isso ajuda a entender por que, em uma encíclica sobre a dimensão universal do amor, dedique-se um longo capítulo à boa política. Por isso o Papa é convicto de que a política deve liderar as grandes transformações de que o mundo necessita. Mas há que dizer mais uma vez que, no pensamento marcadamente humanista de FRANCISCO, herdeiro do humanismo do Evangelho, tudo pode ficar pendurado de alfinetes, se perdermos a capacidade de advertir a necessidade de uma profunda mudança dos corações, dos hábitos e dos estilos de vida, fazendo surgir novas formas de criatividade, de fraternidade e de solidariedade.

Por essa razão, o Papa lembra aos políticos que a tarefa educativa, o desenvolvimento de hábitos solidários, a capacidade de pensar a vida humana integralmente e com profundidade espiritual são tarefas imprescindíveis para dar qualidade às relações humanas. Amadurecendo o sentido crítico da dignidade humana, será a mesma sociedade a reagir diante das iniquidades, dos desvios e dos abusos dos poderes econômicos, tecnológicos, políticos e midiáticos. Por causa disso, ele afirmará com força que as religiões, partindo da valorização de cada pessoa humana como filha de Deus, oferecerá à humanidade um aporte valioso para a construção social da fraternidade e a defesa da justiça.

Enfim...

Nessa preciosa Encíclica, o papa FRANCISCO apresenta de modo cristalino seu pensamento social, propondo novos caminhos que podem conduzir a família humana a contribuir com todos os seus recursos na nobre missão de servir na construção de uma sociedade melhor, mais solidária e pacificada.

Certamente o papa FRANCISCO sonha – perante este mundo despedaçado – com uma nova fraternidade, ancorada nas raízes da iluminada esperança "do Evangelho de Jesus Cristo".[17]

Fica agora para os catequistas – e para toda a Igreja – a profética tarefa de favorecer uma atenciosa leitura para uma adequada recepção. Ao mesmo tempo, de lutarmos para nos contrapor às inevitáveis manipulações e intentos de sabotagem promovidos de certos setores quando prejudicados em seus egoístas interesses econômicos e ideológicos.[18]

Para nós, cristãos, deve ficar bem claro que, como diz São IRINEU, Deus organizou tudo em favor dos mais frágeis; pois Deus, em seu Filho humanado, Jesus, deseja que a glória seja a vida plena dos homens (*Adversus Haereses* IV, Prol, 4). O plano salvífico de Deus é a gestão da criação em favor dos homens e da fragilidade humana (*em sua carne*), por intermédio de Jesus Cristo. Devemos perceber profeticamente que a visão econômica dos homens de hoje é gerir todos os meios possíveis para colocar a criação *em favor de poucos* em detrimento das multidões humanas desamparadas (capitalismo liberal). Isso deve ficar bem claro em nossos ensinamentos catequéticos, em defesa da dignidade dos mais empobrecidos. Desejamos sem dúvida "*uma civilização da solidariedade compartilhada*" (Ignacio ELLACURÍA).[19]

II

O Catequista e seu protagonismo

1

O Catequista e seu papel na nova evangelização

Pois a evangelização é a razão de ser da Igreja, e esta proclamação da fé deve poder chegar, de fato, a seus ouvintes, deve ser entendida e significativa para cada geração... Querer manter a mesma modalidade de pastoral evangelizadora do passado, quando a realidade hoje pede outra, acaba se revelando uma solução cômoda, mas enganosa e ineficaz, gerando uma crise na transmissão da fé (cf. Mario de França MIRANDA. Em vista da nova evangelização).

O que "não é" nova evangelização

Não é surpresa deparar-se com a caracterização de "nova" a qualquer reforma ou proposta pastoral que surge de algum encontro diocesano ou paroquial. Mas, em verdade, não quer dizer que todo "modelo evangelizador" que se preze de "novo" venha a ser tão novo assim.

Essa característica de "nova evangelização" significa, do ponto de vista *negativo*, rejeitar qualquer resquício de cristandade, de fundamentalismo e de proselitismo camuflado, "*ficando apenas na casca*". Do ponto de vista *positivo*, advogar-nos por uma Igreja que *promove uma proposta evangélica para a sociedade atual, em uma pos-*

tura de diálogo e de serviço samaritano. Uma *Igreja em saída*, com manifestas atitudes misericordiosas, fraternas e samaritanas, renunciando a qualquer tentação de conformar um mundo dentro do mundo, uma subcultura cristã, própria dos devotados a "privilégios". Portanto, falar em "nova evangelização" é falar decididamente de um "*novo modelo de pastoral eclesial*".[20]

Certamente, devemos superar modelos de pastoral e modos de evangelizar há tempo ultrapassados. Isso implica, primeiramente, superar uma *pastoral de conservação*, modelo centralizado na autoridade do padre e na paróquia, com uma Pastoral que se sente imune à sociedade atual e possui acentuada prática devocional no culto aos santos, composta de procissões, novenas, milagres e promessas, própria do catolicismo medieval. Hoje, parece existir uma necessidade de "ter padre em tudo" a quem obedecer cegamente. Nessa pastoral, o administrativo predomina sobre o pastoral; a sacramentalização sobre a evangelização; a quantidade ou o número de adeptos sobre a qualidade; o pároco sobre o bispo; o padre sobre o leigo; a massa sobre a comunidade.

Essa pastoral, infelizmente, apresenta-se pobre e infecunda na criação de novos itinerários que conduzam a uma autêntica iniciação à vida cristã, baseados na força da Palavra e na vivência Eucarística celebrada em comunidade. Dá a impressão de que os sacramentos salvam e santificam "por sua própria força", por si só (*ex opere operato*), magicamente, concebidos como remédio ou vacina espiritual, sem a devida atenção à preparação dos que os acolherão. A isso se deve afirmar, com força e sem reticências, que não adianta receber (celebrar) Sacramentos se não se tem a mais mínima intenção de *levar autêntica vida cristã*. Será, na verdade, *baratear* a graça de Cristo![21]

Não menos perigoso é abrir ouvidos a uma *pastoral secularista*, de cunho *neopagão* imanentista (fechada em si mesma), que confunde salvação com prosperidade material, saúde física e realização afetiva. Um Deus como objeto de desejos pessoais; fértil para os espertalhões que se aproveitam das pessoas de boa-fé, no seio do atual próspero e rentável mercado religioso (um dos mais lucrativos no mundo ocidental). Há um deslocamento para o sujeito individual, um olhar terapêutico para "meu bem", caldo de cultivo para as lideranças que fomentam "novos cristãos invisíveis" ou "sem Igreja", situação que o papa FRANCISCO identifica como os "inimigos sutis da santidade". Ele fala do "*gnosticismo atual*", isto é, uma fé *fechada no subjetivismo*, apenas determinada por uma série de raciocínios intricados e de conhecimentos só accessíveis a determinados grupos de "privilegiados".[22] Por outra parte, o Papa fala também do "*pelagianismo*" e do "*neopelagianismo*",[23] como estilo de vida de quem confia apenas em suas próprias forças e habilidades, sem reconhecimento sincero, pesaroso e orante dos limites.[24]

Ainda, o ensinamento papal insiste que não há lugar para a humildade cristã. O auxílio de Deus "é supérfluo", uma vez que podemos encontrar "*um deus a nossa medida*", segundo nossos esquemas e nossas ambições pessoais que justificam nosso proceder. Hoje podemos ver ainda as consequências do pelagianismo, que assume tipos modernos de ser: o individualismo da cultura moderna – "eu sei", "eu quero", "eu posso", "eu consigo", "eu faço" ...; a autossuficiência liberal-capitalista; a ambição do progresso absoluto; a ênfase no sucesso a todo custo; a pretensão do poder e do controle da mente; os movimentos neognósticos; o planejamento controlado; a moral do legalismo, ritualismo e juridicismo.

Uma "nova evangelização" exige conversão pessoal e pastoral

> A catequese que sonho se chama catequista em saída; e o caminho da catequese será aquele que esse catequista deseje percorrer. Será uma catequese missionária, porque o espaço e o tempo já não serão só das paróquias e da hora de catecismo, senão do catequista: o lar, o trabalho ou o barzinho serão lugares onde se estabeleçam relações de amizade. Seu catecismo será sua experiência de fé, que desfolha com espontaneidade e naturalidade, com essa metodologia vivencial de quem se encontrou com o Senhor: será um catequista testemunha e mistagogo que acompanha. Em sua boca guardará a Palavra de Deus, que comunicará com suas palavras quando a tenha saboreado na oração; e levará por isso um sorriso que cause alegria porque é anunciador da melhor "Boa-Notícia".[25]

Clamorosa é a advertência que neste quesito fazem nossos bispos: hoje estamos necessitados de uma "autêntica conversão pastoral" que propicie a criação de novos modelos de pastoral, direcionados à *passagem de uma "pastoral de conservação a uma pastoral evangelizadora*".

O que devemos entender por uma *pastoral evangelizadora* realmente "nova"? É uma evangelização fortemente alicerçada na encantadora Palavra de Deus a serviço do Reino que Jesus inaugurou, centrada na Palavra e não na doutrina (ou apenas com o Catecismo sem a devida adaptação e atualização); não implementa ações irrelevantes de uma superficial sacramentalização, com falsas promessas de salvação; está direcionada às pessoas em toda a sua integralidade e não apenas à "*salvação da alma*"; enfim, a evangelização de *toda* a pessoa e de *todas* as pessoas, no sentido de promover uma sociedade fraterna e solidária. *Evangelização dialogal e propositiva* não está apoiada em proselitismos *marqueteiros*; é interpessoal e fortemente comunitária; não massiva e midiática.

Aqui entra também – e de forma "significativa" – o desenvolvimento de uma consistente mentalidade eclesial comunitária. Pois o seguimento de Jesus é pessoal, não individual; é comunitário, isto é, forma parte de uma comunidade que, desde o povo de Israel, caminhou até a Páscoa de Cristo, orientando a vida ao redor de seu mistério. Por isso mesmo, uma comunidade é mais do que a mera soma de seus membros. *Uma comunidade evangelizadora começa por evangelizar-se a si mesma* (PAULO VI). A Igreja é Povo de Deus que caminha unido, sinodalmente, movida pelo Espírito de Jesus.[26] Uma Igreja que seja desinstalada, fonte de vida e de esperança; Igreja toda missionária e transformadora. Como diz Aparecida: *desinstalada de seu comodismo, estancamento e tibieza, à margem do sofrimento dos pobres, libertada do cansaço, da desilusão e da acomodação* (DAp 362.365).[27]

Enfim, uma ação fundada no encontro pessoal com Jesus Cristo, em uma enriquecedora experiência de discipulado, que comece com o encontro de Jesus (DAp

243).[28] Discipulado que forma comunidades de discípulos apaixonados, pois a Igreja é consequência da adesão a Jesus Cristo e a seu Reino. Não há cristão sem Igreja. Portanto evangelizar é inculturar o Evangelho, por meio de um *processo gradativo e organizado,* no qual cada pessoa sedenta de Deus acolhe agradecida o "primeiro anúncio" (*querigma*), incorpora-o segundo sua própria estrutura psicológica e cultural, que transformará sua vida fazendo com que seus relacionamentos sejam mais humanos, segundo o projeto humanizador de Jesus (cf. CNBB. *Iniciação à vida cristã* 55-61).[29]

A importância da Catequese para uma "nova evangelização"

> "Qualquer atividade pastoral que não conte, para sua realização, com pessoas realmente formadas e preparadas coloca em risco sua qualidade" (DIRETÓRIO NACIONAL DE CATEQUESE 252c).
>
> "A formação catequética tem por finalidade, antes de tudo, conscientizar os catequistas de que são, como batizados, verdadeiros discípulos missionários, ou seja, sujeitos ativos da evangelização e, com base nisso, habilitados pela Igreja a comunicar os Evangelhos e acompanhar e educar na fé... A finalidade cristocêntrica da catequese molda toda a formação dos catequistas" (cf. DCat 132; EG 120)

O papa BENTO XVI, no discurso inaugural de Aparecida, falou sobre a importância da catequese como "*grande meio para uma nova evangelização*". Nela, a Palavra deve ser rico e nutriente alimento dos discípulos do Senhor, feito na comunidade que se congrega para ressoá-la em um atrativo itinerário que conduza à experiência pessoal e comunitária com Jesus; comunidade que celebra sua presença na Eucaristia e na ação caridosa pela força do Espírito Santo, que impulsiona o compromisso com toda a comunidade e com a construção do Reino, a partir dos mais pobres e vulneráveis (cf. *Lucas* 4,14-21).

A primeira ação que cabe à catequese é *fazer conhecer realmente Jesus Cristo* para segui-lo e aprender a viver como Ele; encontrar a vida nele e, consequentemente, como seu fruto maduro, comunicar essa vida aos outros: sociedade e mundo. Por isso o conhecimento de Jesus Cristo não é apenas "conhecimento no sentido intelectual", "colocar coisas na cabeça", trata-se de "fazer experiência de sua vida e interioridade"; experiência tão profunda e impactante que gere tocantes mudanças na vida e, por sua vez, que gere vida fraterna e comunitária. Isso é precisamente um "encontro vivo com Jesus Cristo". Lembra o papa FRANCISCO, citando o poeta brasileiro Vinícius de Moraes: "a vida é a arte do encontro, embora haja tanto desencontro na vida"; para a catequese é o "encontro com Jesus Cristo" ("Samba da Bênção". In: FT 215).

O novo *Diretório para a Catequese* diz que o encontro com Cristo envolve a pessoa em sua totalidade: coração, mente, sentidos, isto é, toda a corporeidade. Nesse sentido, a catequese, que auxilia à interiorização da fé e, com isso, dá uma contribuição insubstituível para o encontro com Cristo, não está sozinha no caminho rumo a esse objetivo. A essa finalidade concorrem as demais dimensões da vida da fé: a experiência litúrgica-sacramental, as relações afetivas, a vida comunitária e o serviço aos irmãos, de fato, elementos essenciais para o nascimento do homem novo (*Efésios* 4,24) e para a transformação espiritual, pessoal (*Romanos* 12,2) (cf. DpC 76).

A catequese deve formar adequadamente catequistas mediante uma qualificada pedagogia e teologia dos processos da iniciação à vida cristã, como proposto pelos bispos em Aparecida, gerando assim uma evangelização eficaz e vida saudável para a Igreja (cf. DAp 286-294).

Em poucas palavras, deve estar atenta a produzir *processos gradativos de encontro pessoal com Jesus Cristo*, como resultado principal do anúncio querigmático. Isso levará à conversão, como resposta inicial de acolhida à presença e à ação do Senhor, que atrai e transforma pessoas. Levará a assumir o compromisso do discipulado em uma atitude madura que manifeste a firme e espontânea adesão ao seguimento. Processo que abrirá as portas a uma autêntica comunhão eclesial que convide a viver com Jesus entre irmãos. Assim, como fruto amadurecido, formará cristãos convictos, cuja alegria será a de levar a luz de Cristo, o anúncio missionário e luminoso a todas as condições de vida pessoal, comunitária e social.

Autênticos processos de iniciação à vida cristã supõem *um longo e paciente processo mistagógico*; não é algo imediato, "*vapt-vupt*"; requer paciência e perseverança no tempo. Esse processo é profundamente vivencial e experiencial, que implica "morte ao passado" e uma expectante abertura à novidade do Evangelho, realizado em comunidade.[30]

Para que novos caminhos de evangelização aconteçam, é preciso uma audaciosa proposta de formação aos catequistas alicerçada em um processo formativo *integral, qualificado e planejado.* Essa formação não pode omitir os vários aspectos que, em copiosa literatura, se oferecem bem desenvolvidos: centralidade da Palavra de Deus, aprofundamento vivencial e mistagógico da liturgia, crescimento na fé mediante a beleza e a arte (Arte Sacra); cuidado por uma linguagem teológica e catequética atualizada, exercício qualificado da caridade e diálogo fraterno e ecumênico (CNBB. *Iniciação à vida cristã.* n. 176-197, p. 78-84; –. *Diretório Nacional de Catequese* 252-283. p.151-164).[31] Pois a ciência teológica contribui significativamente para a prática catequética por meio das diversas especializações que a caracterizam: a teologia fundamental, a teologia bíblica, a teologia dogmática, a moral e espiritual; e mais especificamente a catequética; assim também a teologia pastoral, da evangelização, da educação e da comunicação. Assim percebe-se que o aporte de todos os campos da teologia oferece vigorosa contribuição para que a fé se torne comunicável e a inteligência e o coração dos que não conhecem ainda Jesus Cristo sejam iluminados para melhor procurá-lo e encontrá-lo (DV 7) (cf. DpC 101).

2

Catequizar hoje com leveza, alegria e coragem

"É preciso propor um diálogo que estabeleça uma verdadeira pedagogia catequética da escuta e do anúncio de Jesus Cristo em linguagem acessível e atualizada" (cf. Edward GUIMARÃES; EG 167c).

"Quem fica doente de Jesus nunca mais deseja ser curado..." (Ibn ARABÍ – místico muçulmano).

O mundo que devemos evangelizar...

"Ser cristão é sentir-se sempre um principiante na fé e assombrar-se sempre de acreditar no Evangelho em um mundo onde predomina a indiferença e onde a mensagem cristã vai se vulgarizando na rotina do 'demasiado conhecido'" (Henri BURGEOIS).

Permitam-me mais uma vez insistir: ser autenticamente cristão exige a conversão à vida cristã com mudanças alicerçadas em um sério itinerário de fé; pois ser cristão deixou de ser um critério "tranquilamente aceito na vida social", em que impera a pandemia "da superficialidade e da indiferença".

O *Evangelho de Mateus* coloca na boca de Jesus duas metáforas eloquentes. Elas são exigentes para o cristão. Os cristãos são *sal* e *luz*. Ninguém deseja uma comida insípida ou uma habitação obscura; são muito desagradáveis. O sal e a luz se tocam e se sentem, quando o sal perde o sabor e a luz não se faz presente, não os podemos ocultar ou dissimular. Assim se manifesta a condição cristã, isto é, a maneira de ser e de viver dos cristãos como seguidores de Jesus. Devem ser pessoas em que "*se note aquilo que são*". Será pelo que pensam? Pelo que dizem? Pelos grupos ou movimentos a que pertencem? Não. Pela *forma autêntica de viver*: convicções, costumes saudáveis, preferências; enfim, por seu estilo de vida vivido durante as 24 horas de cada dia.

O que significa isso? No pensamento de Jesus a coisa é clara: "*Assim também brilhe vossa luz diante dos homens, para que vejam vossas boas obras e glorifiquem vosso Pai, que está nos céus*" (*Mateus* 5,16). É como se Jesus dissesse: Não escondam nada de sua vida, não levem uma dupla vida onde tenham coisas a "esconder" ou "tapar"; que tudo seja transparente, de modo que, precisamente, sabendo o que vocês fazem, as pessoas se sintam motivadas a acreditar naquele Deus bondoso e compassivo revelado por Jesus. Ou seja, sua vida tem de ser de tal modo autêntica que os que os conheçam não tenham outra alternativa de dizer: esta forma de vida só é possível porque essas pessoas acreditam em Alguém que a todos supera. Não é pela força dos argumentos; é pela força da vida confiada ao Amor e doada na gratuidade, que convence e seduz.[32]

Na sociedade atual, parece que a fé cristã é uma atitude "marginal e indiferente"; ela deixou há tempo de ser referência que impacta e direciona a vida para a maioria das pessoas; na verdade, aos poucos, vai se concretizando em uma experiência de fé *das minorias*. Hoje, em geral, a sociedade não crê; na prática é ateia ou agnóstica ou, no dizer do papa FRANCISCO, *pelagiana* ou *semipelagiana*.

No linguajar e nas atitudes de todos os dias, dá a impressão de que "não nos lembramos de Deus"; existe uma grande indiferença religiosa: ela não fala nem a favor nem contra de Deus, simplesmente prescinde dele.[33] Continuamos a viver sem pensar em Deus, menos a sua transcendência.

É uma sociedade muito confusa, à procura do sagrado de qualquer jeito. Não raro, existe pouca participação séria de fé. Da parte dos católicos, temos ainda multiplicada e confusa devoção aos santos (outras tantas devoções superficialmente praticadas), sobretudo a nossa Senhora; certamente muito querida pelos cristãos, mas que, por vezes, a convertemos quase que em uma *semideusa*, deformando assim seu enriquecedor exemplo de mãe e discípula de Jesus.

O pluralismo social e religioso, que a sociedade vai apresentando cada vez com maior força, poderia ser um caminho para "facilitar" uma proposta de vida cristã com maior liberdade, mas não é sempre assim. Diante desse panorama, devemos trabalhar criativamente propondo variadas estratégias e itinerários performativos.

Infelizmente, olhando para os adultos, nós nos deparamos com um espalhado analfabetismo religioso, quase em mesmo nível para os praticantes quanto para os mais afastados. As famílias não encontram na sociedade secularista satisfatório apoio para estruturar-se melhor como pessoas; menos ainda para uma sadia escolha religiosa. No entanto é grande anseio de todos o sentido profundo de achar um caminho certo à vida e à sede de transcendência.

Jeito alegre e desafiador de catequizar

> "Acima de tudo, não deixemos de agradecer: se formos portadores da gratidão, o mundo também se tornará melhor, talvez só um pouco, mas é suficiente para lhe transmitir alguma esperança" (Papa FRANCISCO).[34]

O cristianismo deve ser vivido e anunciado exercitando o diálogo, o sentido coletivo e humanitário, assumindo o compromisso ético em defesa da vida, catequizando com leveza, alegria e coragem profética em modo a fazer acontecer uma relação profunda e pessoal com Jesus e seu projeto de vida. É preciso aprender a comunicar o jeito e o estilo de Jesus, desenvolvendo uma relação de fascínio com Ele, que leve as pessoas a um feliz e comprometido seguimento discipular.[35]

Se quisermos ser fiéis à Igreja do Evangelho e ter criatividade ao transmitir a pessoa de Jesus Cristo, o melhor caminho será abraçar a oferta de criativos processos iniciáticos em nossas comunidades.

Como seria essa nova catequese que apresenta a característica de ser alegre iniciadora a um novo discipulado? 1º *Contemplativa*: que olhe a realidade que temos nas paróquias e comunidades, prestando atenção em "superar a crise na transmissão da fé" por meio de uma conversão pastoral e direcionada a um novo paradigma catequético; 2º *Com discernimento*: para procurar caminhos e itinerários que partam da realidade que apresenta cada comunidade, adaptando gradativamente processos de inspiração catecumenal; e 3º *Propositiva*: com propostas concretas em uma Igreja "em saída", mas levando em consideração também a situação de uma Igreja "do retorno/da volta", para propor/preparar caminhos de discipulado e testemunho.

O que implica tudo isso? Implica propor uma catequese que proporcione *vivência e experiência do mistério da pessoa de Jesus Cristo* a tal ponto que ela possa levar o outro a um verdadeiro contato/encontro pessoal com Jesus Cristo vivo (cf. JOÃO PAULO II. *Catechesi Tradendae* 5).

Isso resultará em: 1. *Iniciar um encontro* com Jesus que se manifeste na força de sua Palavra; 2. *Que manifeste a beleza* do criado por Deus, para o bem da humanidade; 3. *Um encontro* que manifeste uma Boa-Nova esperançosa; 4. *Que saiba perceber* a presença mistagógica do mistério nas celebrações litúrgicas, especialmente na Eucarística; 5. *Que impulsione os corações* a uma mais profunda sensibilidade com os mais pobres, pois eles são nossos irmãos mais pequenos e vulneráveis; 6. *Que ofereça a todos* processos de conversão e comprometimento no seguimento discipular...[36]

Mensagem final da IV Semana Brasileira

"*Nós ouvimos e sabemos que ele é o Salvador do mundo*" (*João* 4,42).

Queridos catequistas, coloco aqui, de modo sintético, trechos da mensagem final da *IV Semana Catequética*, questões relevantes: a transmissão da fé a novas gerações nos novos contextos e com novos interlocutores; a mudança que o seguimento de Jesus traz a nossa compreensão do sentido da vida; a importância da liturgia que permite mergulhar no segredo de Deus, isto é, no mistério e no compromisso da vida; a leitura Orante como a grande experiência de deixar falar ao Senhor; acolher a Palavra que nos aproxima dos irmãos; observar com atenção a linguagem digital que domina os movimentos e os relacionamentos das novas gerações.

Que Deus lhes multiplique em bênçãos a bênção que são vocês para a formação de novos discípulos. Novos missionários e muitos novos iniciados. São grandes os problemas e os desafios, mas são maiores nossas alegrias e esperanças.

Que Maria, a catequista de Nazaré, seja-lhes uma grande fonte de inspiração na experiência do discipulado. Que ressoe em seus ouvidos a frase pronunciada em Caná: "*Fazei tudo o que Ele vos disser!*" (*João* 2,5), e assim nunca faltará o vinho da alegria na festa da vida.[37]

3

O Catequista, acompanhante da iniciação à vida de oração

"As crianças me ensinam a orar com simplicidade. Fazem-me descobrir que a coisa mais importante é, antes de mais nada, ter confiança em Deus" (Anna Maria, mãe de uma criança).

"A oração assemelhasse muito ao espirro: como ele, é impossível evitá-la" (Rowan WILLIAMS. Ser cristiano).

Para esse tema, amplo e diversificado, ofereço algumas observações e sugestões, de modo que a catequese, unida à insubstituível ação dos pais, possa iniciar, de maneira fecunda e consistente, a vida de oração seus filhos (catequizandos).

Orar é abrir-se confiadamente ao coração a Deus

Deve-se inculcar à criança que Jesus colocava a oração como expressão privilegiada de um coração que se abria ardente e confiadamente ao Papai do Céu. Para Jesus orar era o modo de descobrir ou ao menos procurar o que seu Pai queria dele; orar para Jesus era a fonte onde Ele bebia do mais puro Espírito, que sustentava sua ação emancipadora junto às pessoas em estado de fragilidade e dependência, seja em relação às enfermidades, seja em relação a tudo que as alienava.[38]

O papa FRANCISCO diz, de modo muito feliz, que quem reza é como um namorado: para onde quer que vá, leva sempre e continuamente em seu coração a pessoa amada... Por isso podemos rezar em qualquer momento ou situação: nos acontecimentos de cada dia, na rua, no trabalho, viajando em metrô ou trem; com palavras ou no silêncio de nosso coração. Pois a oração cristã infunde em nosso coração uma esperança invencível: qualquer experiência que toque nosso caminho, o amor de Deus pode convertê-la em bem.[39]

No caso da criança, ela se abandona a Deus quando experimenta o carinho e a proteção dele. Sem a oração não podemos viver como cristãos; é como o oxigênio para os pulmões. Por isso a catequese, desejosa de propor um itinerário orante para crianças, deverá ser *autêntica escola de oração*. É orando que a criança aprende a confiar em Deus e a abandonar-se a Ele sem reservas.[40]

Há muitas formas de orar. Em primeiro lugar, a oração é *oração de louvor e de agradecimento*. Isso é grato e gostoso às crianças. Elas desejam abrir seu coração a Deus e falar com Ele, como o Deus da vida, para aprender a agradecer. Depois *a oração deve ser de súplica*. Devem aprender a suplicar pelos outros, pelos papais, pelos amigos e inimigos; pelos benfeitores e pela comunidade que frequentam. E, enfim, rezar também por elas mesmas, a fim de crescerem no amor e na confiança de Deus como dimensão essencial da vida: que as faça sensíveis à fragilidade e à pobreza humana (cf. *Mateus* 7,8).

Assim, as crianças crescerão na intimidade do Papai do Céu. Gostarão de rezar também em silêncio, como se seu coração fosse um pequeno oratório privado.[41]

Aprender a orar: algumas considerações

> "Será que estamos ensinando nossas crianças a rezar para torná-las pessoa de fé, ou será que simplesmente as ensinamos a decorar frases de uma oração que pode ser até sagrada e verdadeira (o Pai-Nosso)?" (Amanda).[42]

A criança se educa aos poucos na vida de oração. Quando lhe perguntamos se ela reza, provavelmente dirá que sim, mas, na verdade, não sabe fazê-lo corretamente, se não é introduzida adequadamente à vida de oração.

Uma criança entre 8 e 12 anos pode dirigir-se de modo muito natural a Deus: como a um ser *que pode tudo* em sua vida, prioritariamente, ajudando-a a se arranjar bem na escola e em outras situações da vida... Ou como a um amigo a quem se pode confiar as próprias penas e dores e também seus mais almejados sonhos.

É muito importante que a criança seja iniciada à vida de oração, pois esta possui uma acentuada especificidade. Assim, ela aprenderá a se dirigir a Deus como Papai, que está muito perto de nós (Pai-Nosso); deverá confiar nele e aprender a pedir "que nos ajude" a construir um mundo melhor". Mesmo que a criança não o perceba, a oração possui um apelo universal, que abraça a todos, por nossa condição humana, porque o Altíssimo, o Pai do Céus, faz nascer seu sol sobre maus e bons (cf. *Mateus* 5,45). Enfim, aprenderá, entre outras coisas, que devemos ser misericordiosos como o Pai é misericordioso (cf. *Lucas* 6,36) (cf. FT 60).

Quando nós cristãos olhamos para Deus, descobrimo-nos irmãos e somos impulsionados a promover, entre nós, uma fecunda amizade. É importante que nessa educação saibamos inculcar que, embora a criança esteja rezando sozinha, sempre a oração haverá de introduzi-la em uma comunidade orante, que chamamos de Igreja; isso a educará na insubstituível dimensão fraterna da oração.[43]

A criança rezando fala com Deus como a seu melhor amigo. Ela pode rezar em qualquer momento, se quiser, olhando os adultos, para se motivar a rezar. Mas sempre deve ficar bem claro que a oração mais importante de todos os cristãos é a Missa, ou melhor dito, a "celebração do Mistério Pascal de Cristo" ou "celebração eucarística". Celebrar, de modo consciente e ativo, a eucaristia (SC 14) a criança *não aprenderá sozinha*, deverá ser estimulada pelo testemunho dos pais com perseverança e convicção.

Permitam-me insistir – e muito. Na vida da família cristã, devemos ser cientes de que não há nenhum aspecto da vida cristã que não encontre na liturgia da Igreja *seu ápice e sua fonte*. Com isso, é imprescindível para todas as idades colocar no centro da vida a *celebração eucarística dominical* como fundamento de comunhão e de vida espiritual (cf. Papa FRANCISCO. *Desiderio Desideravi* 37). Sempre será um desafio de primeira ordem recuperar a celebração da Eucaristia *como cume e centro da via da Igreja*. Ela é festa, é memorial, é celebração pascal do Cristo vivo e Ressuscitado. Com efeito, a Eucaristia dominical "não é o velório de Cristo"; não é triste nem depressiva. É glorificação da vitória de Cristo vivo, cujo fruto mais precioso é nossa transformação pela caridade (BENTO XVI).[44]

Por isso o Domingo é *dia muito especial na vida dos cristãos*. É o dia que dedicamos a Deus, um dia de "autêntica festa de agradecimento". Aos domingos, nós cristãos vamos à Igreja para lembrar a Paixão, Morte e Ressurreição de Jesus. Encontramo-nos todos como irmãos, cantamos e rezamos juntos para manifestar nossa alegria e agradecimento por tudo de bom que Ele nos dá e nos permite fazer, escutamos as Leituras tiradas do "*Livro da Palavra de Deus*" (Lecionário); compartilhamos o pão e o vinho que nos introduzem no Corpo de Cristo doado e seu Sangue derramado. Jesus doou toda a sua vida e nos deu todo o seu amor. É importante que a criança possa interiorizar essa dimensão celebrativa/orante: Senhor, você nos doou sua vida, ofereceu-nos a capacidade de amar-nos uns aos outros como você nos amou! Faça que gravemos isso profundamente e para sempre em nosso coração![45]

1. *Quando acorda*, dirige-se ao Senhor: ajuda-me, Senhor, a viver uma bela jornada. Que eu possa fazer muito bem.[46]
2. *Todos os dias,* a criança pode aprender coisas novas. Mas, sobretudo, deve crescer no amor a Deus e ao próximo.
3. *Pedir ao Senhor* por sua família, e que em família o Senhor ajude todos a fazerem o mundo melhor. Experimentar que Deus cuida das pessoas que o amam e o desejam tudo de bom.
4. *Não podemos nos esquecer* de rezar sempre por tudo e por todos, também pelas pessoas que achamos que sejam nossas inimigas. Jesus nos aconselhou: "*Amai os vossos inimigos e orai por eles...*"

(cf. *Mateus* 5,43-48). Rezemos, certamente, por nossos seres queridos, mas também pelos que não conhecemos.[47]

5. *Que aprenda* a dialogar e a brincar com os amigos; não procurando aparecer nos primeiros lugares, senão *procurando ser aquele que serve para a felicidade e a alegria de todos*.

6. Enfim, *ao fim do dia*, agradecer as coisas bonitas que Deus lhe permitiu fazer; pedir perdão pelos erros e pelas fragilidades cometidas. E, finalmente, que o Senhor lhe dê a força de viver para fazer com que o amanhã seja melhor; sempre melhor.[48]

Aprender a orar: Características[49]

> "Cada encontro de catequese comporta uma dimensão orante. A vida de oração exige educação ao silêncio, capacidade de interiorização. Uma autêntica memorização. A experiência espiritual é elemento essencial em um percurso catequético... supõe acolhida da Palavra e o descobrimento do amor que o Papai de Jesus tem por nós" (cf. CONFERÊNCIA EPISCOPAL FRANCESA. Diretrizes para a iniciação cristã de crianças).

Enfim, a catequese deve educar a criança, aos poucos, para orar com **recolhimento**, silenciando o coração, concentrando-o sobre o que quer dizer ao bom Deus.

Com **humildade**, que é a porta estreita para o Céu (*Lucas* 13,24ss). O humilde não confia em suas próprias forças, mas na bondade de Deus.

Com **confiança**. Aprender a abandonar-se à vontade de Deus. Ele é Pai e não deseja senão todo o bem... Não apenas o meu, senão o bem de todos, que eu tenho de semear e espalhar pela humanidade...

Com **perseverança**. Resistir aos desvios e às fraquezas e se manter na energia que brota do amor a Deus (*Lucas* 18,7).

A noite quando você vai dormir...[50]

É bom educar a criança para que faça breves orações antes de dormir; orações para *examinar e agradecer* o dia, a semana. Pode servir este breve esquema:

– Soube agradecer a família, as amizades e os alimentos?

– Lembrei-me da eucaristia dominical? O que Jesus me falou em sua Palavra? Já pensei em contribuir com o dízimo na comunidade?

– Respeito as coisas de meus irmãos? Ajudo a mamãe e o papai em casa?

– Consegui vencer a preguiça para estudar com atenção?

Enfim, queridos pais, contando com o apoio de nossos queridos catequistas, vocês têm uma ousada e insubstituível missão (faz parte do Sacramento do Matrimônio). Devem ser os mestres de oração para seus filhos, pois a pedagogia demonstra que, quando os pais são protagonistas e promotores da educação cristã de seus filhos, essa será a mais bonita e amorosa herança que poderão deixar para eles. Essa atitude os ajudará a crescerem sadiamente. Assim nunca estarão afastados da comunidade eclesial; pois nela é que se gera o autêntico discipulado cristão.[51]

4

O catequista vive e anuncia a palavra de Deus na catequese

"Ignorar as Escrituras é ignorar a Cristo" (Ignoratio Christi, ignoratio Scripturas)" (São JERÔNIMO. In: Isaiam. Prol.: PL 24,17).

O que é a Palavra de Deus?

"Quem toma gosto pela Palavra de Deus, inserida na vida do povo, torna-se incansável na luta pela construção do Reino" (CEBI).

"A Palavra é uma forma de participação na morte e ressurreição de Cristo (cf. João 5,24-25). As leituras colocadas em nossa liturgia atualizam o sentido do mistério pascal e ajudam os fiéis a compreender a própria existência e o caminho da comunidade, à luz da sua Páscoa" (Danilo CÉSAR. Celebração da Palavra).

A Bíblia é o meio eficaz para chegarmos ao conhecimento de Jesus Cristo. Se desejarmos conduzir os catequizandos a Cristo, devemos familiarizá-los com os escritos sagrados, tanto do AT quanto do NT, já que – como diz Jerônimo – toda a Escritura aponta para o Cristo.

A Palavra de Deus (PdD) é um elemento central e insubstituível; sem ela não há catequese possível. A PdD entra na catequese desde o momento em que se começa a falar de Deus e de seu Filho Jesus Cristo.[52]

Para entendermos sua importância, é preciso esclarecer duas questões: *a Boa-Nova de Jesus e a pregação da Igreja primitiva.* Serve para isso a bonita reflexão que nos apresenta a *Carta de Tiago* (1,19-27).

Na memória sobre Jesus e sua ação na Galileia, feita pelas comunidades ao redor dos textos evangélicos (comunidades de *Marcos*, *Mateus*, *Lucas* e *João*), dá para sentir a dimensão plural na concepção de que Jesus é a PdD revelada e encarnada. Esta anuncia a Boa-Nova, exerce autoridade, chama e forma seus seguidores, ensina por parábolas e máximas sapienciais, acolhe os doentes e os pobres, orienta os discípulos e revela a vitória da vida sobre a morte... Jesus é o *Logos (a Palavra) e a Sabedoria do Pai.*[53]

A partir do século II, a Palavra de Deus, fortemente presente nas celebrações eucarísticas e na pregação, começou a tocar o coração de muitas comunidades, inclusive fora da terra de Jesus. Poder-se-ia dizer "a Palavra de Deus na liturgia" ou "a Palavra de Deus transmitida nas celebrações". No III século, a leitura das Escrituras foi feita seguindo a regra já estabelecida da fé. Sobretudo tinham presente a doutrina de Deus, os ensinamentos de Cristo e a força do Espírito Santo; da vida cristã e das últimas coisas.

João CRISÓSTOMO,[54] grande bispo e pregador da Igreja, tinha consciência do fator humano envolvido na Escritura e ensinava que a Bíblia existia para que os cristãos a lessem e a relessem; meditassem sobre o que tinham lido e, consequentemente, escapassem das armadilhas do pecado. Em sua visão, a Bíblia, que contém a PdD, requer um exercício prático e pastoral catequético, pois sua mensagem *deve gerar decididas mudanças na vida das pessoas e deve prepará-las para as obras de justiça e caridade*.[55]

Carlos Mesters apresenta quatro aspectos constitutivos da PdD:

- A Palavra de Deus é uma luz: transmite a "verdade", revelando o sentimento último e profundo das coisas e das pessoas;
- A Palavra de Deus é uma força: traz e revela o poder daquele que a pronuncia;
- A Palavra de Deus é uma realidade quase autônoma: revela a fidelidade daquele que pronuncia;
- A Palavra de Deus é promessa: por meio da sua atuação, Deus mesmo revela-se como sendo o futuro do homem.[56]

A centralidade da Palavra de Deus na Catequese

> Ou educamos na fé, colocando as pessoas em contato com Jesus Cristo e convidando-as para segui-lo, ou não cumpriremos nossa missão evangelizadora (Os bispos em Aparecida - DAp 287).
>
> Ler frequentemente a Palavra de Deus é importante. Lê-la nos faz pensar de forma diferente. Ajuda-nos a entender melhor o mundo em que vivemos (cf. Professora Lis).

Sem dúvida, todo o processo catequético supõe uma catequese impregnada e embebida do pensamento, espírito e das atitudes bíblicas e evangélicas, mediante um contato assíduo com os próprios textos sagrados, lidos com a inteligência e o coração da Igreja (cf. VD 74). Ainda mais, em uma catequese direcionada de *inspiração catecumenal* – a meu ver, tarefa urgente hoje –, é preciso vincular e interligar a iniciação à vida da Palavra com toda a animação bíblica. Pois, no atual momento da ação evangelizadora, deve-se vincular a iniciação à vida cristã – que gera discípulos missionários –, ao contato pessoal e comunitário com a PdD como lugar privilegiado de encontro com Jesus Cristo (cf. DGAE 45).

O novo *Diretório para a Catequese* lembra que a catequese colhe sua mensagem da Palavra de Deus como sua principal fonte. Portanto é fundamental que a Palavra revelada fecunde radicalmente a catequese e todos os esforços para transmitir a fé (EG 175). Pois as Sagradas Escrituras, que Deus inspirou, alcançam profundamente a pessoa humana, mais do que qualquer outra palavra. São essenciais para progredir na vida de fé; sua centralidade na catequese permite transmitir, de forma vital, a história da salvação e, assim, encorajar o conhecimento das figuras, dos acontecimentos e das expressões fundamentais do Texto Sagrado (cf. DpC 74.91).

Deve-se promover, certamente, uma *interpretação adequada* da Bíblia, com conhecimento do contexto histórico e cultural, a intenção de cada parte das Escrituras, para evitar a leitura fundamentalista ou desligada da vida. Certamente, isso demanda catequistas dedicados à leitura e ao testemunho cristão. Supõe rever os subsídios catequéticos de crianças, jovens e adultos. Os recursos didáticos precisam estar fundamentados na PdD, para iluminar toda a doutrina e a moral católica.[57]

O papa FRANCISCO observa oportunamente: "Incomoda-me quando ouço cristãos a recitar versículos da Bíblia como *papagaios*. Oh, sim, o Senhor diz... Ele assim o quer... Mas, eu penso, naquele versículo nos encontramos com o Senhor? Isso não é apenas um problema de memória: é um problema de *memória do coração*, aquela que o abre para o encontro com o Senhor. E aquela palavra, aquele versículo que o levam ao encontro com o Senhor... A Bíblia não é uma escrita para uma humanidade genérica, *mas para nós, para mim, para você*, para homens e mulheres em carne e osso, homens e mulheres que têm nome e sobrenome, como eu, como você".[58]

A PdD leva a viver de modo pascal: como semente" que morrendo dá vida, como uvas que por meio do lagar dão vinho, como azeitonas que dão azeite depois de passar pela prensa. Assim, suscitando radicais dons de vida, ela vivifica. Não nos deixa tranquilos, põe em discussão. Uma Igreja que vive a escuta da Palavra nunca está satisfeita com as próprias seguranças. É dócil à novidade imprevisível do Espírito! Não se cansa de anunciar, não cede à desilusão, não se rende na promoção da comunhão a todos os níveis, porque a Palavra chama à unidade e convida cada um a ouvir o outro, superando os próprios particularismos.[59]

Uma riqueza a descobrir: Leitura Orante da Palavra (LOP)[60]

> *Bastava descobrir tuas palavras e eu já as devorava, tuas palavras para mim são prazer e alegria do coração... (Jeremias 15,16a).*

O papa BENTO XVI insistia no florescimento de uma nova estação de amor pela PdD da parte de todos os membros do povo de Deus, de modo que, a partir da LOP fiel no tempo, aprofunde-se a ligação com a própria pessoa de Jesus (VD 72)

A metodologia orante da LOP é uma enorme riqueza espiritual que há de ser explorada na vida pessoal e comunitária, sobretudo em sua ação catequética. Ela permite iniciar seriamente os novos cristãos na vida de oração e, ao mesmo tempo, manter toda a comunidade no caminho da escuta obediente da Palavra, permitindo confrontar o seguimento de Jesus Cristo com experiências do cotidiano e o estímulo à mudança de vida. Isso é fundamental para uma renovada vida cristã, porque, se não nos aprofundar na escuta da Palavra, facilmente multiplicaremos atividades que não desencadeiam caminhos de seguimento ao Crucificado/Ressuscitado. Facilmente desviaremos para inciativas pastorais que priorizem o "eu" sobre o "nós", os adeptos/devotos sobre os discípulos; o evento sobre o processo, a multidão sobre a pequena comunidade. Assim, como adverte o papa FRANCISCO, uma pastoral sem atenta escuta da Palavra pode ser expressão de quem, no fundo, só confia em suas próprias forças e sente-se superior aos outros para cumprir determinadas normas ou por ser irredutivelmente fiel a certo estilo católico (EG 94).[61]

A LOP consiste na leitura de um trecho bíblico, repetida uma ou mais vezes, acompanhada de silêncios interiores, meditação, oração, contemplação. É a prática do "*Fala, Senhor, que teu servo escuta*" (1*Samuel* 3,9). Enfim, ela alimenta nas pessoas a escuta atenta à Palavra e o diálogo filial com o Pai (cf. *Isaías* 50,4-5) (cf. CNBB. *Diretório Nacional de Catequese* 111).

O papa FRANCISCO faz uma saborosa explanação da LOP, dizendo que se trata, antes de mais nada, de ler a passagem bíblica com atenção, mais ainda, diria com "*obediência ao texto*", a fim de compreender o que ele significa em si mesmo. Em seguida, entra-se em diálogo com a Escritura, para que aquelas palavras se tornem um motivo de meditação e oração; permanecendo sempre fiel ao texto, começo a perguntar-me o que ele "diz a mim". Esse é um passo delicado: não devemos *resvalar para interpretações subjetivas*, mas inserir-nos no sulco vivo da Tradição, que une a cada um de nós à Sagrada Escritura. E o último passo é a contemplação. Que as palavras e os pensamentos dão lugar ao amor, como entre os namorados que, por vezes, só se olham em silêncio...[62]

A LOP, portanto, é um modelo fortemente recomendado hoje para a oração dos cristãos, especialmente na catequese, pois, como dizia o Cardeal Martini, não é uma prática a ser reservada a algum fiel muito empenhado ou a um grupo de especialistas em oração; sua necessidade é para todos; pois, do contrário, não seremos cristãos autênticos neste mundo descristianizado (cf. CNBB. *Iniciação à vida cristã.* Brasília: CNBB, 2017 – nota 111, p. 79; *Leitura Orante "Fala, Senhor, teu servo escuta"*. Brasília: CNBB, 2014[2]).[63]

Para que a catequese expresse e viva a Palavra de Deus

> "Lê com frequência as Divinas Escrituras; aliás, que tuas mãos nunca abandonem o Livro Sagrado" (São JERÓNIMO. Epistola 60,10: CSEL 54,561).

Declarava BENTO XVI que é condição indispensável o conhecimento profundo e vivencial da PdD. Por isso *é preciso educar o povo na leitura e na meditação da Palavra*: que ela se converta em seu alimento para que, por própria experiência, veja que as palavras de Jesus são "*espírito e vida*" (cf. *João* 6,63). Ainda, insistia, que seria bom ver florescer uma nova estação de maior amor pela Sagrada Escritura da parte de todos os membros do Povo de Deus, de modo que se aprofunde a relação com a própria pessoa de Jesus (cf. VD 72).

O que mais deveria procurar a catequese é a interpelação, a mudança do coração, iluminar a própria vida a partir da PdD. Essa comunhão com a Palavra é a "*primeira mesa*" onde se partilha o pão da vida, já é uma primeira comunhão com o corpo (a vida) de Cristo (José ALDAZÁBAL). A "*segunda mesa*" é a vida sacramental, especialmente a mesa eucarística. De fato, a PdD é fonte de onde a catequese tira seus ensinamentos; dela a catequese extrairá seus conteúdos como de uma fonte sempre viva.

Auferindo sabedoria da PdD, seremos questionados: como escutá-la de modo que nos deixemos transformar por ela? Como voltar a encontrar o caminho de sua Palavra como eco e manifestação da encarnação do Filho de Deus?

Pois a PdD ensina um caminho de vida em comunhão com os demais, como filhos e filhas do Pai, em Jesus, pelo Espírito como conselheiro admirável (*João* 17,26; 1*João* 4,16-20) (DIRETÓRIO NACIONAL DA CATEQUESE 110).[64]

A Palavra de Deus, alimento indispensável (DV 25)

> "Lemos as Sagradas Escrituras. Eu penso que o Evangelho é o Corpo de Cristo; penso que as santas Escrituras são seu ensinamento. E quando fala em 'comer a minha carne e beber o meu sangue' (João 6,53), embora estas palavras se possam entender do Mistério (Eucarístico), todavia também a palavra da Escritura, o ensinamento de Deus, é verdadeiramente o corpo de Cristo e o seu sangue" (São JERÓNIMO. In: Psalmum 147: CCL 78,337-338).

O Papa lamenta que a riqueza da Escritura seja ignorada ou minimizada por muitos, porque não lhes foram fornecidas as bases essenciais para seu conhecimento. Por conseguinte, ele insiste que junto ao incremento dos estudos eclesiásticos, dirigido aos presbíteros e diáconos, será proporcionado também aos catequistas, de forma adequada e competente, o aprofundamento das Sagradas Escrituras. De igual modo, *deve prover-se uma boa formação bíblica a todos os cristãos*, para que cada um se torne capaz de abrir o livro sagrado e colher dele frutos inestimáveis de sabedoria, esperança e vida... Pois é sabido que muitos, mesmo entre os cristãos praticantes, declaram-se abertamente incapazes de lê-lo (cf. *Isaías* 29,12), não por analfabetismo, mas por não estarem preparados para a linguagem bíblica, seus modos de se expressar e as tradições culturais antigas, pelo que *o texto bíblico resulta indecifrável*, como se estivesse escrito em um alfabeto desconhecido e em uma língua enigmática (DV 21).[65] De fato, não se pode ler a Bíblia sem um mínimo de interpretação correta e veraz, para não correr o risco de convertê-la em *"instrumento de sometimento ou fanatismo"* (Consuelo VELEZ).

Desde o momento em que os catequizandos se iniciam na formação e no crescimento na fé, por meio da catequese, a PdD passa a ser *elemento indispensável em sua vida cristã.* Como nos exorta o Papa: "Continuem firmes na missão de ajudar o Povo de Deus a se nutrir da Palavra, para que a Bíblia seja cada vez mais patrimônio de todos: O livro do povo do Senhor que, escutando-o, possa conduzir as pessoas da dispersão e da divisão à unidade (na fé e no amor)".[66]

Pois bem, para que os catequizandos sintam, desde o primeiro momento, a presença de Deus na Palavra, é conveniente que:

• Dediquem-se alguns encontros iniciais para desenvolver o conhecimento e a oração com a PdD;

• Realizar com os catequizandos celebrações em que seja entronizada solenemente a Bíblia, de modo a ficar manifesto o lugar preferencial que ela ocupará de agora em diante...;

• Em todos os encontros catequéticos, *a PdD ocupará lugar de preferência.* Há de se colocá-la em um lugar de destaque, bem enfeitado, com flores e uma imagem de Nossa Senhora, Maria Mãe de Jesus, Mãe da Palavra encarnada;

• Algumas vezes, quando estejam festejando o padroeiro ou a padroeira, destacar nos encontros catequéticos a riqueza dos exemplos e testemunhos que eles deixaram sobre seu amor à Palavra e à vida cristã;

• Possibilitar que os catequizandos percebam quanto carinho e amor os catequistas manifestam pela PdD e com que carinho são devotados para se colocar a seu serviço...[67]

• Hoje, o povo procura qualquer tipo de livros para "orientar a vida". Se nós pudéssemos explicar, socializar, ensinar, compartilhar, mostrar a sabedoria do Pai de Jesus, na Sagrada Escritura, poderia trazer muita vida a nossa vida, muita força a nossa missão de construir um mundo mais justo, com mais sabedoria, misericórdia e paz para nossa vida e a de todos os que nos rodeiam. Sempre tenhamos um coração aberto para redescobrir como a Palavra de Deus está sempre presente para ser acolhida, escutada e, finalmente, colocada em prática.[68]

• Podemos divulgar estes conselhos do papa Francisco: "Queridos irmãos, demos espaço dentro de nós à PdD! Leiamos diariamente alguns versículos da Bíblia. Comecemos pelo Evangelho: mantenhamo-lo aberto no mudo-criado ou na mesa de estudo; tragamo-lo conosco no bolso ou na bolsa, visualizemo-lo no celular, deixemos que nos inspire todo os dias. Descobriremos que Deus está perto de nós, ilumina nossas trevas e amorosamente impele ao longo de nossa vida".[69]

Precioso testemunho dos primeiros tempos

O texto, que aqui transcrevo, pertence ao comentário que o Diácono Santo Efrem[70] fizera ao *Diatéssaron* (termo grego, que significa *escrito em períodos*). Escrito que foi atribuído a Tatiano (ou Taciano) (120-172), discípulo de Justino Mártir, apologista e asceta cristão. A obra *Diatéssaron* é a mais importante *harmonia evangélica* do primitivo cristianismo; original combinação em uma única e singular narrativa dos quatro evangelhos.

"**A Palavra de Deus, fonte inexaurível de vida**. Que inteligência poderá penetrar uma só de vossas palavras, Senhor? Como o sedento a beber de uma fonte, ali deixamos sempre mais do que aproveitamos. A PdD, diante das diversas percepções dos discípulos, oferece múltiplas facetas. O Senhor coloriu com muitos tons sua Palavra. Assim, quem quiser conhecê-la pode nela contemplar aquilo que lhe agrada. Nela escondeu inúmeros tesouros, para que neles se enriqueçam todos os que a eles se aplicarem.

A PdD é a árvore de vida a oferecer-te por todos os lados o fruto abençoado, à semelhança do rochedo fendido no deserto que, por todo lado, jorrou a bebida espiritual. Comiam, diz o Apóstolo, do alimento espiritual, bebiam da bebida espiritual.

Se, portanto, alguém alcançar uma parcela desse tesouro, não pense que este seja o único conteúdo desta Palavra, mas considere que encontrou apenas uma porção de muito nela contido. Se só esta parcela esteve a seu alcance, não diga que essa palavra seja pobre e estéril, nem a despreze. Pelo contrário, visto que não pode abraçá-la totalmente, dê graças por sua riqueza. Alegra-te por seres vencido, não te entristeças por te ultrapassar. O sedento enche-se de gozo ao beber e não se aborrece por não poder esgotar a fonte. Vença a fonte tua sede, mas não vença a tua sede a fonte. Pois, se tua sede se sacia sem que a fonte se esgote, quando estiveres novamente sedento, dela poderás beber. Se, porém, saciada tua sede também se secasse a fonte, tua vitória redundaria em mal.

Dá graças, então, pelo que recebes. Pelo que ainda restou ou transbordou não te entristeças. Aquilo que recebeste e a que chegaste é a tua parte. O que sobrou é tua herança. Se, por fraqueza tua, em uma hora não consegues entender, em outras horas, se perseverares, poderás recebê-lo. Não te esforces, com maligna intenção, por beber de um só trago aquilo que não podes tomar de uma vez. Não desistas, por indolência, de tomá-lo aos poucos" (CNBB. *Lectio Divina. Roteiro para as pequenas Comunidades que se reúnem ao redor da Palavra – 2019 – Ano C.* Brasília: CNBB, 2018. p. 7).

Entrevista realizada a Deus sobre a Bíblia
– Deus, tua Bíblia me aborrece...

Deus: Acontece que você conhece apenas algumas páginas, até escutadas de modo desinteressado, seja no catecismo ou durante a celebração dominical, com a cabeça em outra coisa, talvez pensando no próximo jogo de futebol.

– Abri teu Livro ontem e achei uma página que, na verdade, não me disse nada.

Deus: Meu Livro não é como um "*horóscopo*", no qual você ficará feliz achando "*pílulas mágicas*" para desvendar pesadelos, curar feridas, ânsias e angústias...

– Tenho lido todo o Evangelho de Lucas porque um amigo padre tem insistido tanto. Ao fim nada aconteceu comigo.

Deus: Acontece que o Evangelho não funciona como um "joga búzios", livro de receitas mágicas ou como o blog dos fã-clubes, em que procura encontrar novas emoções, novos sonhos e milagres inusitados para ter sucesso, se possível monetário. Minha Palavra não serve para "empuxar a vida com a barriga", senão para viver vida cristã autêntica.

– Espero com batimentos acelerados um e-mail de minha namorada, enquanto aproveito para ler tuas mensagens...

Deus: Por que você não se decide pegar a Bíblia para valer, para aquilo que ela é: uma carta de amor para você, um amor que é duradouro para sempre, e o amor de meu Filho Amado, a ponto de morrer na cruz por você e pela humanidade?

– Então, ler a Bíblia é uma decisão séria...!

Deus: Séria mesmo; mas também muito bela! É como escalar uma montanha: você precisa, sem dúvida, de uma boa porção de coragem, fadiga e paixão, sem esmorecer às primeiras dificuldades, mas ainda, seguir minha guia, ajudar aos outros e procurar também a ajuda dos amigos ou das pessoas que gostam de você de verdade. Enfim, se deseja conhecer minha Palavra para valer, finalmente chegará à meta desejada... Gostará de mim e de toda a criação: será um maravilhoso espetáculo. Coragem! Eu torço por você...[71]

III

O Catequista e alguns aspectos pedagógicos

I

O papel das mamães e dos papais na catequese

"Com gloriosas exceções, a família já não é a grande evangelizadora e transmissora da fé: perdeu o fôlego. Hoje, em Latinoamérica, dificilmente alguém é cristão católico porque assim o foram seus pais ou porque foi batizado ou porque nasceu em ambiente católico" (cf. Luiz Alves de LIMA).

Tratar o tema das mães (e pais) na catequese exige bem aprofundados e abrangentes artigos dos vários aspectos pastorais, catequéticos, religiosos, psicológicos e pedagógicos que a complexidade do tema requer. Portanto apresento aqui apenas alguns aspectos que podem ajudar a iluminar a questão, propondo breves conselhos de ordem pedagógica e catequética.

O papa FRANCISCO, em não poucas oportunidades, advertiu os pais cristãos da primeira responsabilidade que lhes cabe na formação de seus filhos* no seguimento de Jesus Cristo. Pois é na família que os filhos devem ser iniciados nos rudimentos da fé, aprender a rezar e a viver os valores evangélicos. Insiste o Papa que, na boca dos papais, há de ressoar sempre e continuamente o primeiro

* Para abreviar, quando coloco "filho/filhos", também inclui no mesmo nível "filha/filhas".

anúncio, o coração da fé cristã: Jesus Cristo o ama, doou a própria vida para o salvar e agora vive a seu lado todos os dias para o iluminar, fortalecer e libertar (EG 164).[72]

Já em 1974, a CNBB (*Pastoral da Eucaristia*) insistia na importância de preparar os filhos no lar para a *Primeira Eucaristia*. Isso é porque os pais desempenham papel principal durante o primeiro período de desenvolvimento infantil, sabendo que o chamado “nascimento psíquico” ocorre dentro do ambiente familiar. Pois as primeiras configurações de sentimentos e emoções, abertas às várias dimensões da realidade, determinam em grande parte o futuro de autodirecionamento psíquico do ser humano e a busca de seu lugar (status) na vida. Os filhos precisam de modelos humanos apropriados a sua autoidentificação. Os pais (frequentemente as mães) são a primeira referência para a formação da personalidade desde o nascimento até o início da vida escolar.[73]

Na iniciação à vida cristã dos filhos, deve predominar a convivência em clima fraterno de fé e amor, como caminho para a experiência do transcendente e a ligação do que lhes é falado sobre Deus, de seu amor e de sua misericórdia para aplicá-los à vida cotidiana. Histórias bíblicas e parábolas adequadas[74] à compreensão e aos sentimentos de cada idade envolverão os filhos de forma atrativa e sensível, para que assumam o que lhes é anunciado (cf. CNBB. *Iniciação à Vida Cristã: itinerário para formar discípulos missionários* 211-212).

O Documento 107 da CNBB esclarece: “Tenha-se o cuidado de valorizar os casais, as mães e os pais, como *sujeitos ativos da catequese*. Por isso é de grande ajuda a catequese familiar, enquanto método eficaz para formar os pais jovens e torná-los conscientes de sua missão como evangelizadores de sua própria família" (cf. CNBB. *Iniciação à Vida Cristã* 202).

Os pais ajudam efetivamente seus filhos a crescerem harmoniosamente no campo da fé cristã quando precisamente estão bem informados sobre a evolução psíquica das etapas de seu amadurecimento religioso infantil. Se olharmos no *Livro do Gênesis* 1,28, diz: "*Sede fecundos e multiplicai-vos...*". Daí brota a missão da paternidade e da maternidade encomendada aos esposos, cuja vida é comunidade de vida de pessoas unidas no amor. "*Sede fecundos*" implica para os pais, que devem preocupar-se com a educação de seus filhos, pois são eles o dom mais excelente do matrimônio e contribuem sobremaneira ao bem do casal. Eles, como cristãos, *deverão comunicar o amor como reflexo vivo e participativo do amor de Deus pela humanidade,* e o amor de Cristo pela Igreja, sua esposa, como caminho de vida concretizado no discipulado.

A missão dos pais na formação religiosa dos filhos deve levar em consideração que, na família, as crianças modelam essa sensibilidade religiosa. O carinho que só os pais podem dispensar aos filhos cria na psicologia infantil uma forte referência de segurança e sadia autoridade, pois eles confiam e se apoiam em seus pais para crescerem e amadurecerem como pessoas; isso desperta nelas uma consistente dimensão religiosa. Convém, portanto, que os pais (especialmente as mães) desenvolvam, no ambiente familiar, uma vida amorosa e piedosa, a fim de que os filhos cresçam em uma atitude de confiança em Deus como pai terno e bondoso. Assim, os pais serão eficazes educadores do sentido simbólico religioso dos filhos, pois eles são o "símbolo revelador" do amor de Deus, da presença amorosa de Deus, da ternura de Deus; sua bondade e paternidade.

Por outra parte, é imprescindível que os pais integrem o relacionamento dos filhos com os membros da Igreja/comunidade paroquial que frequentam. Assim, desde pequenos, os filhos aprenderão que da comunidade recebem apoio e ajuda para estruturar a dimensão dialógica, fraterna e comunitária, "reconfigurando" o forte direcionamento do "egoísmo psicológico" (a criança em sua evolução é direcionada a olhar-se a si mesma), apreendendo a estar confortavelmente no meio dos outros, considerando-os seus "irmãos".[75]

Para terminar, delineio alguns traços sobre a vida de oração infantil. Nisto, é preciso que as mães reconheçam a vital importância da oração na vida dos filhos, seja pela grande versatilidade que eles demonstram neste campo, seja porque, ao não participarem ainda plenamente da Eucaristia (fonte de toda a vida de oração e espiritualidade do cristão), ela é a maneira principal pela qual nutrem a vida batismal, e se preparam, ao mesmo tempo, para participar comunitariamente da eucaristia, qual forma qualificada e completa de oração.

Insisto, as mães têm papel preponderante no amadurecimento da vida de oração dos filhos, pois eles possuem um modo de orar diferente dos adultos. Por isso, as mães não deverão impor-lhes seus modos de orar, já que se correria o risco de apagar a espontânea e pessoal capacidade de se relacionarem com Jesus. Com efeito, quando a mãe deixa seus filhos se expressarem espontaneamente, observará:

1. Que o filho ora com grande facilidade e, nisso, envolve todo o seu ser;

2. O filho não desenvolve uma oração discursiva e bem estruturada; em sua espontaneidade, oferece, por assim dizer, "faíscas de oração". Ele interrompe sua oração com espaços – às vezes prolongados – de silêncio, em que a mãe

saberá esperar e respeitar seu ritmo oracional. Acho muito sábio lembrar que "são raras as palavras que valem mais do que o silêncio" (MONTHERLANT).

3. O filho aprenderá prioritariamente a apresentar singelas orações de agradecimento e de louvor. Dirige seus sentimentos e afetos para com Jesus, não elaborando outros espaços de oração senão apenas para agradecer... Por exemplo, ele por enquanto não sente necessidade nenhuma de pedir, porque sabe que está na pacífica possessão de bens que o satisfazem.

4. A oração do filho não é mágica, pois ele não sabe manipular a vontade divina a suas vantagens.

5. Enfim, a mãe perceberá que seu filho, quando mais crescido, intercalará em suas orações algum raciocínio mais conciso e apresentará perguntas, buscando a forma de respondê-las ele mesmo. Aos poucos, com a ajuda dos pais, a consciência do filho se ilumina para discernir melhor o bem do mal e a possibilidade de pedir perdão, introduzindo, aos poucos, modalidades de oração mais complexas e bem estruturadas.[76]

Para alimentar o alento e a esperança, os pais, diante do enorme desafio de educar seus filhos, podem guardar em seu coração as palavras que Deus reserva para seus filhos: "*Antes de formar-te no seio de tua mãe, eu já te conhecia, antes de saíres do ventre, eu te consagrei e te fiz profeta para as nações... Não tenhas medo... pois estou contigo para defender-te*" (*Jeremias* 1,5-8).

Sabemos da crise que hoje se manifesta em âmbito social e educativo, particularmente no que diz respeito à transmissão da fé. Parece que as famílias hoje perderam o "fôlego para educar os filhos" (DGAE 39). Mas, sem "perder a esperança" (Papa Francisco), se as famílias alicerçarem a vida com a Palavra, a Eucaristia e a vida de comunidade, poderão enfrentar esse desafio com maravilhosos e consoladores frutos. A educação da fé em família não apenas é possível, é insubstituível. Os pais não podem cair na tentação de se acomodar à mentalidade de "delegar tarefas". Pais adultos cristãos sabem de suas obrigações na educação dos filhos na dupla dimensão de fé, pessoal e comunitária. Isso implica dar um salto qualitativo na forma de ser hoje pais cristãos. Devem tomar consciência de que não apenas está em jogo a educação na fé de seus filhos, senão, e sobretudo, sua própria fé e sua escolhida vocação cristã, alicerçadas na intransferível vocação batismal e matrimonial (cf. CNBB. *Iniciação à Vida Cristã*. 199).[77]

2

Como catequizar as crianças hoje. Algumas propostas...

"As crianças, que por diversas razões sofrem com a falta de referências seguras à vida, muitas vezes vêm também reduzidas a possibilidades de conhecer e amar Deus. A comunidade eclesial que saiba dialogar, se for possível, com os pais, apoiando-os em sua missão de educar, faça-se também presente e disposta a sempre oferecer cuidado materno e atenção concretas..." (cf. DpC 238).

Geramos nossos filhos. E agora?

A experiência de muitos matrimônios ensina que a graça de pertencer a uma família alicerçada segundo os valores cristãos ajuda, e muito, a formar famílias estruturadas e saudáveis. A vivência da fé marca com certeza tudo o que constitui uma bela vida matrimonial.

Hoje, a sociedade enfrenta muitos desafios em todos os âmbitos; a vida matrimonial não é a exceção...

A pesquisa, no âmbito matrimonial, demonstra que a forma como se desenvolve a vida familiar, assim será a eficácia da transmissão de preciosos valores cristãos às futuras gerações. Isso exige, sem dúvida, uma imensa responsabilidade.

Isso implica também "ousados" desafios para aIgreja, como acontece na passagem de "casal" para a situação de "genitores"; para isso, é preciso que eles desenvolvam talentos comunicativos que os habilite para acompanhar o crescimento dos filhos em todas as dimensões da personalidade. Nisso há muito ainda a fazer.[78]

O que fazer?

A experiência ensina que o exemplo é a melhor forma de educar os filhos, focado, como alicerce, na coerência das palavras e das ações. Pois sabemos que a educação não é algo que se obtém como vacina de dose única, uma vez e pronto. Trata-se de uma conquista diária, com o objetivo de vencer uma árdua batalha, fornida da humildade de ajustar rumos quando se detectam que se sai da rota, quando se deixa de lado valores cristãos, como aconteceu com o Povo de Deus, a caminho da terra prometida...

Vale a pena reforçar alguns pontos que podem ajudar a balizar o matrimônio em sua insubstituível força educativa, como o diálogo, o perdão, a partilha, o interesse em promover a vida do amado, o interesse em fazer o outro mais feliz e, acima de tudo, o cultivo da certeza de que sua maior missão como casados em Cristo é levar a família para o céu![79]

É fundamental transmitir às novas gerações, desde os primeiros anos de vida, palavras e razões sólidas para acreditar e para confiar em Cristo: promover espaços de diálogo com as crianças sobre questões de fé, ocasiões de rezar junto a elas, sendo elas as protagonistas. Que tenham contato com os textos bíblicos e com as narrações de gestas bíblicas! Mesmo nos desafios de educar à vida cristã, é preciso, mais do que nunca, fornecer-lhes explicações firmadas em uma "teologia simples", mas não simplista; uma teologia adequada à idade delas, para que não fiquem "infantilizadas"; explicações que permitam responder solidamente às questões por elas levantadas. Certamente para isso, a formação dos pais é fundamental. Temos nisso muito caminho a fazer pela frente, pois o despreparo nesse campo é abismal e preocupante...

Não se podem deixar de lado respostas sérias e aprofundadas para os filhos. Para isso, deve-se pedir ajuda à comunidade... As crianças devem crescer na vida de fé, especialmente confiando nas respostas dos pais, para desenvolver a fé em todas as dimensões de sua pessoa, para professar a fé com consciência e convicção.

Alguns pedagogos cristãos afirmam que aqui é importante que os pais levem a sério as perguntas dos filhos, mesmo que, por vezes, apareçam engraçadas. Por exemplo: – O que faz meu anjo da guarda? – Havia dinossauros na Arca de Noé? – Como Jesus caminhou sobre as águas? E assim por diante. As perguntas das crianças são misturadas: um dia perguntarão – O que havia no mundo antes da criação? – Quantos anos tem Deus? e, junto, – Como é a vida das tartarugas?... Caros pais, *sejam honestos nas respostas*; quando vocês não souberem – que pode acontecer frequentemente –, falem isto: "Não sei; vamos procurar!" Outra vez, se parecer oportuno, podem convidar seus filhos para construírem juntos uma resposta. Isso é muito construtivo. *Não brinquem com as respostas de fé* que darão a seus filhos, porque a experiência da pedagogia religiosa ensina que as crianças ficam *muito aborrecidas* quando, no decorrer da vida, descobrem que o que foi ensinado em matéria religiosa "não era muito certo ou nada certo". Não brinquem com a confiança dos filhos.[80]

A educação na fé das crianças passa pelo *ritmo da vida familiar*, momentos de partilha marcados pela convivência fraterna à mesa. Aos domingos, é imprescindível que toda a família participe da Eucaristia; mesmo assim, é importante a presença familiar no tempo de Natal e Páscoa, festas da família e da comunidade.

Lembrem-se de *realizar formas simples de bênçãos*: por exemplo, nos alimentos da mesa, na casa, nos aniversários; lembremos o dia de nosso batismo, do casamento dos pais... O tempo de família deve ser tempo abençoado por Deus, com o perfume de sua presença confiada e permanente. Vocês, caros pais, podem pedir a seus filhos que preparem espontaneamente uma bênção.

O crescimento na fé das crianças pertence à família toda inteira. Todos crescem e vivenciam a fé. Sem esquecer que, para isso, é preciso recorrer à Escritura; pois não existe fé cristã que não brote da escuta atenta da Palavra de Deus. Assim se amadurece; pois, olhando a Escritura com um olhar misericordioso e tenro, aprenderemos a perceber que a vida é bem melhor quando centrada e alicerçada em Jesus Cristo.[81]

Três sujeitos implicados entre si

Em uma ponderada educação das crianças ligada à catequese, não podemos omitir a responsabilidade e a convergência de *três sujeitos* nesse processo: os pais, as crianças e a comunidade cristã.

O comprometimento dos pais é decisivo no processo de amadurecimento da vida das crianças. Inclusive, quando os pais abrem o coração ao anúncio do Evangelho, a vida da família muda radicalmente. O primeiro a ocorrer será uma "decisiva" mudança da imagem de Deus que foi forjada ao longo da vida. Em não poucas oportunidades, pessoas afastadas da Igreja construíram em sua subjetividade imagens deturpadas, pela falta de experiência de vida sem uma comunidade que as ajudasse a crescerem na fé. Assim, quando percebem o carinho acolhedor da comunidade, acontece algo muito favorável. Para muitas comportará um "segundo anúncio" e uma nova reconciliação com a Igreja no profundo de seu coração.

O apoio dos pais e da comunidade é fundamental para o amadurecimento religioso das crianças. Isso lhes permitirá formar uma nova ideia, ainda mais convincente, de que a vida de fé "não é apenas coisa de criança", que termina ou encerra com a "bonitinha festinha" da "Primeira Eucaristia", e fica por isso.

Continuar uma adequada educação à fé desses pré-adolescentes é fundamental para alicerçar neles o futuro da fé, que é uma escolha para toda a vida no seguimento de Jesus, que cresceu em idade, graça e sabedoria diante de Deus e dos homens (cf. *Lucas* 2,52).

A comunidade cristã ajuda a gerar a vida de fé nas crianças. A Igreja é mãe. Hoje, é preciso oferecer a todos uma séria e autêntica iniciação à vida cristã, que permitiria, sem dúvida, uma regeneração de toda a comunidade. Produziria grande satisfação aos catequistas e, inclusive, aos presbíteros que cuidam da comunidade. Pois iniciar destemidamente um percurso de vida cristã encoraja todas as pessoas no interior da comunidade, criando um círculo virtuoso e fecundo. Só é ter coragem e ousadia; navegar para as águas mais profundas (cf. *Lucas* 5,4).[82]

Algumas propostas iniciais

É preciso que a catequese das crianças comece, necessariamente, com a proposta do "querigma". Como tantas vezes nos lembra o querido papa FRANCISCO.

Nos encontros organizados para as crianças e os pais juntos, devemos propor momentos querigmáticos de *modo obrigatório*. Pode-se falar sobre as experiências de fé que eles têm e perguntar:[83]

– Vocês costumam falar com Deus?
– Quando vocês costumam rezar?
– Vocês, quando rezam, costumam dirigir-se a quem?
– Como é a oração de vocês?
– Em quais momentos vocês rezam em família?

Para esses momentos, podem ser preparadas, inicialmente, algumas perguntas sobre Jesus: Como ele ensinava a rezar, como ele rezava, em quais momentos; pode-se falar do Pai-Nosso...

É bom estarmos atentos para percebermos a oportunidade em que se pode introduzir uma conversa sobre Jesus, com algumas destas perguntas:

– O que vocês sabem sobre Jesus?

– Quem é Jesus para vocês?

–Vocês conhecem algo da vida de Jesus, como ele viveu, onde viveu?

– Vocês acreditam que Jesus Cristo seja seu amigo?

– Acreditam que Jesus Cristo é o Filho de Deus?

Pode-se aproveitar para aprofundar alguns conhecimentos sobre Jesus. Por exemplo: "Deus enviou seu Filho ao mundo para revelar seu amor por nós" (cf. *João* 3,16). Essa afirmação dá margem a uma boa conversa do que significa Jesus em nossa vida. Pode-se entregar pequenos bilhetes com textos bíblicos sobre a vida de Cristo e estabelecer um cochicho entre os catequizandos, propondo estas perguntas: – Como Jesus mostrou em sua vida o amor de seu Papai por nós? O que vocês sabem sobre isso? O amor de Jesus é para todos? Vocês gostariam de pensar em algumas pessoas que seriam melhores conhecendo de perto Jesus? Alguém de vocês sente esse amor de Jesus por si? Vocês acreditam no amor de Deus Pai e de Jesus por nós? Como é, de fato, esse amor por nós? Como nós tentamos viver esse amor de Jesus em nossa vida? Vocês acham que, se todas as pessoas conhecessem o que Jesus ensina, o mundo seria melhor? O que nós podemos fazer? Vocês gostariam de colocar alguns exemplos que mostram que no mundo não se vive o amor de Jesus? Como podemos viver de acordo com o amor do Pai de Jesus.[84]

3

Como valorizar o tempo de férias para catequizar os filhos

"Certa vez, um pai me confessou: Eu tenho fé, mas não é muito fácil para mim falar de certos argumentos de fé a meus amadíssimos filhos; muito menos nas férias..."

Os pais o que podem fazer...?

Chegam as férias, e os pais cristãos "se viram nos trinta" para poder organizar a convivência "quase permanente" dos filhos.

Em primeiro lugar, os pais devem perceber que eles oferecem a seus filhos o testemunho de fé cristã pela vida que levam. Devem aproveitar para lhes ensinar modos simples de rezar e, especialmente, falar do mistério da celebração da eucaristia (Missa), que deve ser o centro vivo da vida cristã. Assim não falarão apenas de fé, mas os acompanharão e enriquecerão sua vida, reforçando tudo o que eles aprenderam na catequese.

Para valorizar as férias, podem marcar algumas estratégias catequéticas, como escrever juntos uma pequena oração, a ser rezada todos os dias, ao acordar e almoçar juntos; lembrar-lhes de que, para onde forem viajar, poderão levar algumas roupas usadas, limpas, para doarem para alguma instituição ou igreja.

Nesse tempo juntos, podem montar encenações de relatos bíblicos, por exemplo, as parábolas; por que não assistir a filmes educativos?...

Ajudá-los a planejar a semana, observando onde colocarão a dimensão religiosa e a caridade para com os mais pobres...

Sempre oferecer a oportunidade de se manifestarem aos outros de modo educado e respeitoso, especialmente os idosos: "Obrigado!", "Por favor!"...[85]

Um guia para dialogar

Não é tão fácil obter um guia para diálogos atrativos entre pais e filhos, mas, para ajudar (não querendo atrapalhar), ofereço um esquema que vocês podem utilizar à vontade.

Para as crianças:

– Quando chegam a casa, o que vocês gostariam de falar com seus pais?

– Sobre o que gostariam que seus pais falassem com vocês?

– Que coisas vocês contam a eles? Que coisas eles lhes contam?

– O que vocês gostariam de conversar sobre a vida cristã? Quais as dúvidas?

Para os pais:

– Quando os filhos chegam a casa, vocês dispõem de bom tempo para estarem com eles?

– O que vocês lhes contam? O que gostariam que os filhos falassem para vocês?

– O que vocês gostariam de lhes falar?

– Como tratam o tema da vida cristã, do amor ao próximo, especialmente para com os pobres; da oração, especialmente da eucaristia dominical, em comunidade?[86]

Breves atividades catequéticas

Por exemplo, pode se sentar ao redor de uma caixa fechada (com argila dentro) e chamar as crianças. Dizer-lhes que realizarão um jogo em família. Acima da caixa, deixar um envelope fechado. Uma das crianças poderá abri-lo (nele haverá um texto bíblico; por exemplo *Gênesis* 2,1-7). Outra criança lerá o texto.

Depois de ler a citação, pode-se dizer: por que fomos criados e por quem? Todos juntos podem repetir: "Graças a Deus e por puro amor, temos sido criados".

Depois, convidar a abrir a caixa e deixar as crianças à vontade para "representarem" o ato da criação. Pode-se colocar música; seria ótimo... Deixar que elas perguntem e falem à vontade...

Outra atividade: se forem dar um passeio de bicicleta, por lugares com árvores, flores e lagoas, parar por momentos, misturando momentos de silêncio, e promover olhares sobre a natureza. Sentir a beleza brotando da paisagem. Falar para as crianças que tudo à volta foi feito por amor e que nosso bom Deus deseja que cuidemos de tudo o que fez para nós. Ensinar-lhes a contemplar a criação com um olhar de cristãos...

Se houver familiaridade com a Palavra de Deus, lembrar frases de Jesus falando da criação e louvando a bondade do Pai do céu (especialmente o Pai-Nosso).[87]

Aos Domingos é para nos reunirmos na igreja como Igreja

Neste dia, vamos à Igreja. Ela é a "*domus ecclesiae*", expressão latina que significa "*a casa comum de todos*"; casa ampla e generosa, onde se reúnem muitas pessoas. Que as crianças aprendam a saudar a todos..., pois *formamos a grande família de Jesus*. Seria bonito para os pais falar a seus filhos que observem os móveis essenciais da Igreja: altar, ambão e sédia presidencial. Promover perguntas para eles: qual o lugar mais importante da celebração? Qual é o centro de onde se proclamam as leituras? Onde o padre senta? O que fazem as outras pessoas: ministros, coroinhas, leitores... depois conversar sobre o tema?

O dia de Domingo para os cristãos é especial: geralmente as crianças não vão à escola e os pais não trabalham. É importante os pais falarem a seus filhos que o domingo é dia dedicado a Deus; dia de agradecimento e de festa; dia de descanso para as atividades lucrativas e profissionais, dia da família e da caridade. Nesse dia, os cristãos se reúnem na igreja para participarem da Eucaristia dominical, que é a Ceia do Senhor. Quando se compartilha essa ceia, aprende-se a conhecer a vida de Jesus, que nos fala e alimenta na Eucaristia para que, aos pouquinhos, aprendamos a ser como Ele; transformados nele, somos novas criaturas... Na verdade, aprendemos a agradecer o dom da vida e a sentir-nos irmãos e irmãs. É essa atitude que deu o nome ao Sacramento *mais essencial que existe*: a Eucaristia, palavra grega que significa exatamente: "*agradecimento*" (Papa FRANCISCO).

Nesse dia, os cristãos escutam as leituras de um livro *grande e bonito,* que se chama *Leccionário* ou *Livro da Palavra de Deus,* e, em algumas ocasiões, de outro Livro grande e bonito, chamado "*Evangeliário*". Logo, compartilhamos o pão e o vinho consagrados: o Corpo e o Sangue de Cristo, que nos lembram a total doação de sua vida e de seu amor por nós, em benefício da humanidade.[88]

Transcrevo, a seguir, algumas partes da Homilia do papa BENTO XVI, proferida no dia 9/9/2007, na Catedral de Viena, Áustria, para aprendermos a valorizar cada vez mais nossas celebrações dominicais:

> "Sem o dom do Senhor, sem o dia do Senhor, não podemos viver": assim responderam no ano 340 alguns cristãos de Abitinia, atual Tunísia, quando, surpreendidos na celebração eucarística dominical, que estava proibida, foram conduzidos ante o juiz, que lhes perguntou por que, no Domingo, haviam celebrado a liturgia, sabendo que isso implicava castigo de morte.[89]
>
> Essa atitude dos cristãos do IV século é válida também para nós, que temos necessidade de uma relação que nos sustente e dê orientação e conteúdo a nossa vida. Também nós temos necessidade de contato com o Ressuscitado, que nos sustente para além da morte. Temos necessidade desse encontro que nos reúne, que nos dá espaço de liberdade, que nos faz olhar, mais além do ativismo da vida diária, o amor criador de Deus, do qual viemos e para o qual caminhamos.
>
> "Sem o dia do Senhor não podemos viver." Sem o Senhor e o dia que lhe pertence não se realiza uma vida

bem conquistada. O Domingo, em nossa sociedade o fim de semana, transformou-se "em tempo livre"... Mas, se o tempo livre não tem um centro interior, do qual provém uma orientação em seu conjunto, acaba por ser tempo vazio que não nos fortalece e descansa.

No Domingo se trata em profundidade do encontro com a Palavra e, no Sacramento, com Cristo ressuscitado; o alcance deste dia abraça a realidade inteira. Os primeiros cristãos celebravam o primeiro dia da semana como "Dia do Senhor", porque era o dia da ressurreição. Para a Igreja primitiva, o primeiro dia, depois, assimilou progressivamente também a herança do sétimo dia, o sabbat. Participamos do repouso de Deus, um repouso que abraça todos os homens.[90]

4

Como catequizar as crianças sobre a vida eterna

"A fé que mais agrada a Deus é a esperança.
É ela, a pequena esperança,
a que põe tudo em movimento...
Porque a fé apenas vê o que é,
enquanto a esperança vê o que será.
A caridade tão só ama o que é,
a esperança ama o que será.
A fé vê o que é,
a esperança vê o que será
no tempo e na eternidade...
A esperança vê o que ainda não é e há de ser.
A esperança ama o que ainda não é e será
no futuro do tempo e da eternidade.[91]

Vida eterna? Será que os adultos entendem?

Quando no "Dia do Senhor" estamos reunidos como irmãos em comunidade, celebrando a Eucaristia, após a homilia, feito breve momento de silêncio, toda a comunidade em pé professa a Fé que recebemos de nossos primeiros irmãos: "Creio... na comunhão dos santos; na remissão dos pecados; na ressurreição da carne; na vida eterna. Amém".

Se a curiosidade aquece o coração sobre a questão da vida eterna, de modo simples podemos responder que a vida eterna é "o céu". Certamente, *não o céu astronômico*, aquele que os astronautas conhecem em suas viagens e que os astrônomos perscrutam fascinados.[92] Trata-se do "*céu da fé*". O céu é o fim de nossa vida, a última morada de nossa caminhada terrestre. A Palavra de Deus nos diz que estamos diante de um "grande mistério", diante do qual é bem frutuoso e sadio guardar silêncio, pois, como diz Paulo em 1 Coríntios 2,9: "o que Deus preparou para os que o amam é algo que os olhos jamais viram, nem os ouvidos ouviram, nem coração algum jamais pressentiu".[93]

O céu "não é um lugar" onde ficaremos para sempre vestidinhos com túnicas brancas e rodeados de anjinhos; nada disso, é a amorosa situação dos que se encontram mergulhados no amor de Deus e de Cristo. É a realização de todas as esperanças e todos os anseios daqueles que desejaram sempre fazer o bem a todos, não se interessando pela sorte deles mesmos. Confiaram que o amor de Deus seria a recompensa (cf. *Gênesis* 15,19). É a realização de todas as dimensões humanas. Vida de estreita proximidade e amizade com Deus e seus amigos. O Catecismo da Igreja lembra expressivamente que, depois que propagarmos em nossa vida, no Espírito do Senhor e por ordem sua os valores da dignidade humana, da comunidade fraterna e da liberdade, todos esses bons frutos da natureza e de nosso trabalho encontraremos novamente, limpos, contudo, de toda impureza, iluminados e transfigurados, quando Cristo entregar ao Pai o reino eterno e universal. Deus será tudo em todos (CIgCat 1050).

A Bíblia, escrita por homens inspirados pelo Espírito Santo, não consegue falar de tão grande mistério a não ser por imagens e parábolas.[94] Apenas para ilustrar algumas delas, o céu aparece descrito como: a pátria e o lar definitivos, o paraíso, o banquete nupcial (*João* 2,1-11; Lucas 12,35-38; 13,28-29), a festa de bodas do Cordeiro Santo (*Apocalipse* 21,1-4), a cidade Santa, a nova Jerusalém; é contemplar o rosto amoroso do Senhor (1 Coríntios 13,12; 1 *João* 3,2). Às vezes, não percebemos que isso é o que pedimos em cada celebração eucarística: "Lembrai-vos também de nossos irmãos e nossas irmãs que morreram na esperança da ressurreição e de todos os que partiram desta vida: acolhei-os junto a vós na luz de vossa face" (MISSAL – Oração Eucarística II). *Vida eterna é estarmos com Cristo, reconciliados com Deus totalmente na nova e definitiva Páscoa* (cf. Lucas 22,16); enfim, descanso e paz eterna, luz que não tem fim. Por isso, no céu, permaneceremos em íntima comunhão com Deus; participando de modo pleno e pessoal/comunitário do Amor Trinitário.

Assim sendo, não se pode entender a vida eterna *como algo individual,* senão como *plena e comunitária participação* dos que Deus ama. O Creio destaca isso perfeitamente quando diz que acreditamos na "comunhão dos Santos". Santo Agostinho, de modo bonito e preciso, acrescenta: "aí descansaremos e veremos. Veremos e amaremos. Amaremos e louvaremos. É a essência do fim sem-fim. Pois que fim pode ser mais nosso do que chegar ao reino que não tem fim?"[95] E acrescenta Ciro de Jerusalém: "A vida, em sua própria realidade e verdade, é o Pai que, pelo Filho no Espírito Santo, derrama sobre todos, sem exceção, os dons celestes. Graças a sua misericórdia também nós, os homens e as mulheres, recebemos a promessa indefectível da vida eterna". A eternidade não é sucessão de instantes, momentos medidos quantitativamente, mas uma "nova forma de existência" plenificada eternamente pelo dinamismo amoroso dos Três Amores em Um (cf. Salmo 89,4; Mateus 22,23-33; 1Coríntios 15,51-53).[96]

O que entendemos por céu é a glorificação dos eleitos, a absoluta realização, o que o ser humano pode sonhar de belo, de grande, de reconciliador e plenificador, ou aquilo que suas utopias projetaram. Céu é a realização da esperança, plenitude dos homens e das mulheres em Deus. Todos os salvos, uns com os outros, sem perder a identidade, ao se encontrarem com o Trino Deus, experimentam uma profunda comunhão de irmãos e um mergulho no "oceano infinito do amor" (Elisabete da Trindade).[97]

Jesus nos salva para estarmos com Ele na vida eterna?

"Uma coisa não podeis desconhecer, amados: para o Senhor, um dia é como mil anos, e mil anos como um dia. O Senhor não tarda a cumprir sua promessa... Ele está usando de paciência para convosco, pois não deseja que ninguém se perca" (2Pedro 3,8-9a).

Certamente, não podemos esconder as dificuldades com que nos defrontamos ao tentarmos explicar com palavras o mistério de amor manifestado em Jesus. Vejamos um exemplo, quando os amigos de um paralítico o levaram diante de Jesus, procurando a cura de sua doença

(*Mateus* 9,1-8). Eles esperavam a cura como "salvação" das enfermidades. Mas Jesus surpreendeu a todos, convidando-os a *ir além das aparências*, quando lhes disse: Coragem, filho, teus pecados estão perdoados...

Aqui, como percebemos, Jesus se manifesta não apenas como o "salvador" em sentido físico, muito mais ainda, "salvador das fragilidades do pecado pessoal e social". Quando foi crucificado, junto de dois malfeitores, um deles, reconhecendo "Jesus como Salvador", disse-lhe: *Lembra-te de mim quando entrares em teu reino (Lucas 23,42).* O malfeitor pede a salvação de sua vida, salvação que já não pertence às esferas deste mundo; é uma salvação plena: entrar na plenitude do reino do céu é atingir a vida eterna...

Por isso, quando falamos de "salvação" e Jesus aparece com força como nosso Salvador, é preciso uma fé profunda, irmos além da vida cotidiana. Devemos ser capazes de entrar no mistério da salvação definitiva; atingir a vida eterna; isso é possível, porque Jesus nos comunica o Reino de Deus (*Lucas* 11,20). Então a visão de fé exige *"irmos além das coisas que experimentamos"*, além das coisas que usamos para o bem de todos os dias, além de todo o visível, de tudo o que vemos e ouvimos fisicamente. É Jesus o caminho, a verdade e a vida; vida vivida com sabedoria porque nos ensina a viver com um sentido profundo: aprender a nos doar e fazer o bem; atingir a plenitude de todas as nossas atitudes no "Reino definitivo". O caminho é aquele a quem o "bom" malfeitor reconheceu e lhe escutou dizer: *"Em verdade te digo: hoje estarás comigo no Paraíso"* (isto é, na vida eterna: Amor de Deus definitivo) (*Lucas* 23,43).[98]

Agora, fica um pouco mais claro...

Jesus é o "autor de toda vida (*João* 14,6; *Atos* 3,15). Ele realiza plenamente o projeto criador e salvador do Pai, fonte da vida. Ele tem a vida eterna e a dá a quem nele crê (*João* 3,15). Assim, o adjetivo "eterna denota uma "qualidade propriamente divina", pela qual esta vida está bem para lá do que é frágil e sujeito ao desgaste do tempo, isto é, de duração mensurável.

Hoje, a superação do dualismo entre alma e corpo nos permite compreender melhor o ser humano como uma relação de inteireza psicossomática multidimensional (matéria orgânica, corporeidade, interioridade, espiritualidade). Assim, a natureza da morte se coloca em termos de "passagem" para uma vida sem-fim. É estado colocado entre o *já* e um *ainda não*, dentro do qual se situa a participação da pessoa na Páscoa do próprio Cristo, como membro de seu corpo eclesial, iniciada no Batismo e designada a completar-se plenamente na morte, participando com Ele, em sua glória definitiva junto do Pai.[99]

Na liturgia, que é vida cristã celebrada e rezada, o conceito de vida eterna se exprime na fórmula "*pelos séculos dos séculos*", equivalente a "*por toda a eternidade*", "*no festim da eternidade*", "*na plenitude dos tempos*".[100]

Assim, a liturgia batismal incute em nós "a esperança da vida eterna", para confirmar em nós a "inabitação do Espírito Santo". Vida eterna que só atingirá plenitude na ressurreição (*João* 6,39-40; *Mateus* 7,14; 18,8; 19,16).

É muito alentador saber que Jesus nos dá a salvação, que graças a Ele não estamos nunca sozinhos. Graças a sua presença de Vivente, nós podemos dirigir-nos a Ele como amigos, fraternal e especialmente nos momentos difíceis quando nos sentimos abandonados e em alguma ocasião doentes. Com ele tudo é muito diferente...!

Para os cristãos, isto é essencial: a fé em Jesus nos salva da morte, mesmo que na adolescência esse mistério fique um "pouco difícil de entender", pois, um dia, nós também ficaremos doentes e, certamente, morreremos como todos. Mas, em Jesus, a morte não tem a última palavra. Somos chamados a "ressuscitar em Cristo". Certamente na juventude temos "menos consciência" de que somos limitados na vida e no espaço. Parece que nossa vida não tem limites nem horizontes. Mas, no decorrer do caminho, perceberemos isso, quando, aos poucos, nossos familiares começarem a desaparecer. Aí se fará presente a realidade da morte, tendo só em Cristo uma resposta séria e profunda desse inevitável acontecimento humano. A morte será apenas uma etapa no caminho à vida eterna. Será nossa "páscoa pessoal e definitiva" (*Romanos* 8,1).[101] Como diz o poeta: "... *Uma noite fecharemos nossos olhos. O resto é do vento e da espuma, mas o amor viverá*". Ficaremos definitivamente irmanados como a "irmã morte": Louvado sejas, meu Senhor, por nossa irmã, a morte corporal, da qual homem algum pode escapar (São FRANCISCO. *Cântico das Criaturas*).[102]

Pensar pacificamente na morte cada dia...

> "Nós não somos seres vivos cujo horizonte é a morte. Somos seres mortais cujo horizonte é a vida em plenitude" (André FOSSION).

Contém muita sabedoria aquela frase do *Auto da Compadecida*: "O único mal irremediável que o homem encontrou no mundo é a morte". Por isso, pensar com calma e serenidade sobre nossa morte ajuda e muito a não perder a pouca felicidade que cabe aqui, e ela – sabemos – será "sempre pouca", caso não tenhamos a coragem de reagir com atitudes de misericórdia, fome e sede de justiça diante de todas as situações cruéis e desumanas de nosso mundo.[103]

Daí que, quando chega *o momento definitivo*, o que será tido em conta não é a fé, nem a religião, nem sequer Deus (cf. *Mateus* 25,31-46). Nesse momento, só será levada em considerção a humanidade de cada um e o que cada um fez ou deixou de fazer para aliviar os sofrimentos gerados pela desumanidade que levamos na escondida maldade que temos no sangue, na civilização que egoistamente construímos, na sociedade que organizamos, nos poderes que nos submetemos, nos cúmplices silêncios diante de tanta barbárie e dor e de tanta humilhação que encontramos ao longo da vida neste mundo desenfreado.[104]

Agora, pensar a morte ajuda, a saber:

Primeiro: impede-nos de cometer aquelas loucuras que, seja no curto ou longo prazo, farão com que sejamos amargamente infelizes. **Segundo**: impulsiona-nos a organizar com maior sabedoria o tempo da vida que temos, a gastarmos a vida em coisas valiosas e grandes. **Terceiro**: apoiados na sabedoria cristã e nas promessas de Cristo, fica bem claro que devemos pensar que a morte "não é derrota", nem a última palavra, mas meta; não é despedida, mas parto; nem motivo de luto, mas de filial confiança.

Sobre este último ponto, é bom lembrar os conhecidos e amados que já se foram, que chegaram já ali onde nos esperam e recordar o que em sua vida tiveram de exemplar, de significativo e de afetuoso para nós; ter saudades de um futuro encontro *transformado em ressurreição com eles*... Pois nos reencontraremos libertos de tudo o que tenha havido de falso em nós, carregados com todo o amor que neles soubemos pôr.

Para todos os que morreram e nos esperam, cabe aplicar também a voz do anjo para as mulheres que procuravam Jesus no túmulo, já vazio: "Por que buscais entre os mortos o vivente? Não está aqui. Ressuscitou!" (*Lucas* 24,5b-6a). E Paulo acrescenta: "Eu penso que os sofrimentos do tempo presente não têm proporção com a glória que há de ser revelada em nós. De fato, toda a criação espera ansiosamente a revelação dos filhos de Deus; pois a criação foi sujeita à vaidade, não por seu querer, mas por dependência daquele que a sujeitou, na esperança de que a própria criação seja liberta da escravidão da corrupção, em vista da liberdade da glória dos filhos de Deus" (*Romanos* 8,18-21). Deixemos ecoar e ecoar em nosso coração essas maravilhosas palavras...[105]

5

Os catequizandos e sua evangelização na época digital

"(Hoje) vivemos na cultura digital, sinônimo de acesso, conexão com pessoas e lugares de todo o mundo. É importante conhecer e valorizar a cultura midiática, superando os preconceitos e a desconfiança sobre as novas tecnologias. Os novos meios de comunicação social são excelentes instrumentos para a ação evangelizadora..." (cf. CNBB. Iniciação à vida cristã 209a).

"A Igreja, ao valorizar a comunicação, passou a defender o direito de usar esses recursos, inerentes ao direito de se comunicar. Além disso, com muita clareza, passou também a estabelecer como meta em seu sistema educativo uma adequada formação para o convívio com o mundo da comunicação" (CNBB. Diretório de comunicação da Igreja no Brasil 232).

Falar sobre esse tema hoje apresenta múltiplas facetas não tão fáceis de serem desenvolvidas, e muito menos na extensão de um breve artigo. Mas, ao menos, desejo expor algumas questões com o intuito de contribuir com esse quesito que hoje também deve ser tratado na catequese. Sem dúvida, é desafiador, pois, como diz o papa FRANCISCO: "o entorno digital é uma praça, um lugar de encontro, em que se pode acariciar ou ferir, ter uma proveitosa discussão ou um linchamento moral".[106]

Um pesquisador, falando sobre o uso dos recursos digitais para as novas gerações, diz: "Esses produtos da tecnologia não são ruins ou bons em si. São como uma faca, que posso usar para descascar uma laranja ou ferir uma pessoa. Pais que dialogam, que educam verdadeiramente e 'não abdicam' da educação saberão usar as tecnologias de forma positiva na educação de seus filhos, pois são *ferramentas espetaculares* para a formação, a aprendizagem, para o diálogo e o autoconhecimento. Eu assisto a tentativas inúteis de proibir e querer que os filhos pensem e ajam como adultos no uso dessas tecnologias".

E acrescenta: "esses adolescentes já são '*nativos digitais*',[107] já nasceram, por assim dizer, '*com um mouse na mão*', e os pais são '*migrantes digitais*' com um horrível 'sotaque' ao usar novas tecnologias porque nasceram no tempo da televisão, das revistas e dos jornais impressos. (Esta geração) é uma geração conectada, que vive e trabalha em rede, se os pais não entenderem isso, falarão para as paredes, e o abismo geracional aumentará todos os dias".[108]

Não é brincadeira, em uma publicação tratando sobre o vício do celular, falava-se que o problema de "não desgrudar do celular" está abrindo um auspicioso mercado para clínicas de reabilitação "luxuosas e caríssimas", especializadas em crianças e jovens "viciados da era digital". O que chama é atenção – segundo o testemunho do pessoal dessas clínicas – é que muitos pais ficam "apavorados", sem saber o que dizer, diante da possibilidade de os filhos espernearem quando forem obrigados a deixar o celular. Paradoxalmente, esse pessoal diz que acontece o contrário, agradecem...[109]

É importante a Catequese familiar sobre o tema. Para adentrar no campo da educação, será preciso – e não tem volta – que *ela parta da iniciativa familiar e a catequese apoie*, promovendo um sadio sentido da autoridade. Parece que ainda servem as antigas origens filosóficas da educação. Os pais devem compreender que precisam exercer, (e não se omitir) sem medo, sua autoridade, para ajudar na construção de pessoas de bem e não de sujeitos imaturos, "efemeramente felizes", "fragilizados", naquela terrível visão que fomenta o sucesso dos filhos apenas para "serem bem-sucedidos materialmente". Felizes em uma "*cultura da superficialidade*".

As novas gerações estão fortemente marcadas pelas mídias sociais e pelo chamado mundo virtual, que oferece oportunidades de que as gerações anteriores não dispunham, mas, ao mesmo tempo, apresentam alguns riscos. Vive-se em uma cultura amplamente digitalizada, que afeta, de modo muito profundo, a noção do tempo e do espaço, a percepção de si mesmo, dos outros e do mundo, o modo de comunicar, de aprender, de informar-se, de entrar em relação com os outros (*Christus Vivit* 86; DpC 359). É preciso perceber a necessidade de uma ação que adapte a catequese com os novos catequizandos, sabendo traduzir para a linguagem deles a mensagem de Jesus (cf. DpC 245).

Precisa-se educar e catequizar para a liberdade inteligente, pela autodisciplina, pela clareza de propósitos, pelo serviço terno e misericordioso para com os outros; pela coerência entre o que se pensa, e o que se diz e o quese faz. É preciso que as pessoas façam bom uso dos bens materiais, sem ficarem escravizadas por eles, tendo vida confortável, sadia e não "luxuosa", e consigam perceber que a verdadeira felicidade está realmente "no amor cristão, livre e consciente"; portanto que sejam equilibradas mental e emocionalmente, sejam olheiras de sua própria história, assim "*conhecereis a verdade, e a verdade vos tornará livres*" (cf. *João* 8,32).

A catequese, que não pode simplesmente se digitalizar, certamente precisa conhecer o poder do meio digital e utilizar todo o seu potencial e toda a sua positividade, com a consciência, porém, de que não se faz catequese utilizando somente ferramentas digitais, mas também oferecendo espaços de experiências de fé. Isso evitará a "virtualização da catequese", que corre o risco de tornar a ação catequética fraca e pouco significativa. Somente uma catequese que passe da informação religiosa para o acompanhamento e para a experiência de Deus é capaz de oferecer sentido às futuras gerações. Ela deverá encontrar formas adequadas de enfrentar as grandes questões acerca do sentido da vida, da responsabilidade, da afetividade, da identidade de gênero, da justiça e da paz, do cuidado dos mais vulneráveis; tudo isso, o mundo digital não satisfaz completamente (cf. DpC 371).

Devemos estar cientes de que o tema é hoje dos mais provocadores, a ponto de alguns catequetas chamarem de "*cyber catequese*" esse novo e inédito campo da educação cristã (entre outros, Roberto ROMIO, Simona BORELLO e Michele ROSELLI). Devemos, no entanto, ter cuidado para não extrapolarmos nas atitudes. Precisamos de equilíbrio para examinar as possíveis posturas de: a) *Banalização dos meios,* pensamento de que são "somente superficiais"; b) *Demonização dos meios*, afirmando que todos os males de hoje provêm deles; e c) *Protagonismo extremo dos meios*, quando se pensa que só eles possibilitam frutos para uma nova evangelização, em detrimento da comunicação pessoal.[110]

Proponho, então – a modo de trilhas a serem audaciosamente percorridas –, algumas diretrizes para a catequese de adolescentes e jovens, levando em consideração a advertência do papa FRANCISCO: "Como seria bom se o aumento das inovações científicas e tecnológicas correspondesse também a uma equidade e a uma inclusão social cada vez maiores!... Rezemos para que o progresso sempre seja mais humano!" (cf. FT 31).

Partindo de uma criativa forma de exercer ações misericordiosas, uma **primeira proposta** catequética no mundo da *cyber catequese* seria "utilizar as redes" para *aconselhar os que têm dúvidas de nossa fé*, de modo a promover caminhos ou trilhas para uma nova humanidade; **segunda**: compartilhar as experiências de fé que podem servir para outros crescerem como pessoas cristãs; promover a divulgação de bons materiais que sirvam para dinamizar comunidades e grupos de jovens interessados no caminho da fé; **terceira**: organizar-se para defender os caminhos da paz, contra todo tipo de violência; a favor da vida e da dignidade das pessoas; **quarta**: que as *redes* sirvam para consolar os aflitos, os desanimados, oferecer-se para ajudar as pessoas que passam por momentos de dificuldades, acidentes, catástrofes naturais, com uma forte atitude de alegria e esperança; **quinta**: que as *redes* sirvam também para promover o perdão; abram caminhos de escuta e de esclarecimento de conflitos, ajudando a esclarecer as opiniões que se apresentam "católicas", mas, na verdade, não o são; ter paciência com os *amigos web* mais "questionadores", suportando-os com paciência e carinho, para que eles possam acolher conselhos e melhorar a forma de ser, segundo o estilo proposto por Jesus; **sexta**: estar à disposição dos amigos web nos momentos cruciais da vida: morte e doenças, servindo-lhes de consolo; **sétima**: e por que não? Oferecer momentos de oração, e, muito especialmente, converter-se em divulgador de tudo o que o identifica como cristão católico, orante e participante da eucaristia dominical.[111]

Os estudiosos do mundo *web* se questionam se as novas gerações, por causa da "era digital", serão mais geniais ou mais estúpidas. Causou assombro o livro de Nicholas Carr (o "*guru do anti-web*") "*Internet ci rende stupidi?*" (A internet nos torna estúpidos?). Nele é relatado que o uso exagerado/doentio da internet causa sérias fadigas (até irreparáveis) ao cérebro e à atenção. Contemporaneamente, Clay SHIRKY e Derick de KERCKHOVE falam dos imensos benefícios de entrar em comunicação global, trocar conhecimentos e cooperar coletivamente para o bem da humanidade.

Sem dúvida, estamos diante de "novos sinais da pós-modernidade"; e que, no campo da catequese, exigirão um sério empenho de reflexão teórica e a coragem de oferecer caminhos à prática catequética. De todos os modos, todos esses autores destacam, enfaticamente, que, para um frutuoso e criativo uso das novas tecnologias digitais, será preciso munir-se de educação e disciplina. Isto é, oferecer bússolas de orientação e processos formativos adequados. Tudo isso, claro, sem se esquecer de que o encontro atuante entre pessoas no mundo da evangelização é fundamental, ainda mais quando se trata de Jesus Cristo. Os leigos são os cidadãos do mundo digital. Por isso é importante "habitar" esse mundo sem perder a "identidade cristã", sem renunciar, ter sempre viva a "fantasia missionária", procurando criar novos caminhos para testemunhar a beleza de sermos discípulos de Cristo.[112]

Por outra parte, não podemos fechar os olhos a essa realidade tecnológica, que se impõe à pós-modernidade, devemos afrontar com coragem uma audaciosa "catequese na era da web". Como enfatiza o papa Francisco, a Internet abriu caminhos novos de profecia; abriu as portas dos ambientes digitais para promover também a cultura popular, permitindo dialogar com homens e mulheres de hoje, a fim de compreender suas expectativas, dúvidas e esperanças.[113] Certamente, graças à incomparável oportunidade que nos oferecem os meios digitais, é possível sentar-nos, desde os mais longínquos lugares do planeta e desde as mais diversas culturas, *em uma mesa comum* em interatividade, em relações fraternas e recíprocas. Onde cada um pode aportar aquilo que possui e, ao mesmo tempo, todos podem se servir daquilo que oferece essa mesa farta de modo gratuito ao alcance de todos.[114]

Certamente, as tecnologias digitais podem facilitar a colaboração e abrir caminhos ao diálogo fraterno em diferentes níveis: entre grupos sociais e autoridades públicas, entre cidadãos e instituições, a humanidade e o resto de toda a criação. Desse modo, elas podem intensificar e fortalecer as redes da vida, isto é, os laços naturais que unem todos os seres.

As mídias concretizam nossos modos de perceber, pensar e atuar e de nos relacionarmos. No entanto, elas não são ferramentas neutras que podemos usar com precisos propósitos, pois têm poder de configurar a realidade. A imparcialidade dos meios digitais é meramente aparente.[115] Para muitas pessoas, elas serão sempre a chave-mestra para levar informação e educação, guia e inspiração para os comportamentos individuais, familiares e sociais em ampla margem.

Mais uma vez, o papa FRANCISCO adverte que as tecnologias digitais podem se enumerar entre os ambientes educacionais, junto com a escola, a família e a catequese. Nós precisamos usar deles corretamente, pois eles *tendem a condicionar nosso estilo de vida* e, por conseguinte, todo o inteiro ecossistema. Infelizmente, muito frequentemente, a mídia ignora os autênticos valores, promovendo apenas o consumismo, deixando de lado, entre outros, os gravíssimos problemas socioambientais.[116]

Neste mundo globalizado, os meios de comunicação podem nos ajudar a sentirmo-nos mais próximos uns dos outros, mas cada vez menos irmãos (cf. BENTO XVI). Faz-nos perceber um renovado sentido de unidade da família humana, que impele à solidariedade e a um compromisso sério para uma vida mais digna. Hoje, podemos ajudar-nos nisso, especialmente porque as redes de comunicação humana atingiram progressos sem precedentes. Particularmente, a *internet* pode oferecer maiores possiblidades de encontro e de solidariedade entre todos; e isso é uma coisa boa, é um dom de Deus. Mas é preciso verificar, continuamente, para que as formas de comunicação atuais orientem efetivamente para magníficos encontros, promovam a busca sincera da verdade íntegra, o serviço caridoso, a proximidade com os últimos e o compromisso de construir o bem comum. Ao mesmo tempo, como indicaram os bispos da Austrália: "não podemos aceitar um mundo digital projetado para explorar as nossas fraquezas e trazer à tona o pior das pessoas" (cf. FT 205. 108).[117]

6

Técnicas e formas modernas de evangelização: como utilizar a era digital para atrair os catequizandos

"A Igreja, ao valorizar a comunicação, passou a defender o direito de usar esses recursos, inerentes ao direito de se comunicar. Além disso, com muita clareza, passou também a estabelecer como meta em seu sistema educativo uma adequada formação para o convívio com o mundo da comunicação" (CNBB. Diretório de comunicação da Igreja no Brasil 232).

A desafiadora "era digital"[118]

A linguagem da catequese deve utilizar hoje as novas ferramentas tecnológicas. As profundas mudanças na comunicação produzem mudanças no âmbito cultural; por isso, as novas tecnologias criaram uma nova cultura, que influencia a comunicação e a vida das pessoas. No espaço virtual, que muitos consideram "não menos importante que o mundo real", as pessoas obtêm notícias, informações, desenvolvem e exprimem opiniões, envolvem-se em debates, dialogam e buscam respostas a muitas perguntas e muitos questionamentos (cf. DpC 213).

A catequese tem aprendido a surfar nas ondas da cultura digital e, nesse aprendizado, deve educar para a vivência da fé nas redes, que, apesar de digitais, não são irreais. O que acontece na *Internet* não é apenas uma fantasia, mas tem verdadeiro impacto na vida das pessoas (catequizandos) e das comunidades.[119]

Na Igreja, estamos acostumados a uma "*comunicação unidirecional*": prega-se, ensina-se e apresentam-se variados ensinamentos. Não poucas vezes, o texto escrito encontra resistência para falar com os mais jovens, acostumados a uma linguagem que consiste na convergência de palavras escritas, sons e imagens. As formas de comunicação digital, por sua vez, oferecem múltiplas possibilidades, pois estão abertas à interação. Portanto, é necessário aprender modalidades de comunicação eficazes, bem como garantir uma presença na rede que testemunhe os valores evangélicos (cf. DpC 214). Sem dúvida, as tecnologias de informação e comunicação, as mídias sociais e os dispositivos digitais favorecem com muita eficácia os esforços colaborativos, de trabalho em comum, de troca de experiências e mútuo conhecimento (DpC 215).

Convém que toda a comunidade esteja comprometida não só a enfrentar esse novo desafio cultural, mas também a corresponder às novas gerações com as ferramentas que hoje são de uso comum. É importante educar na catequese ao bom uso dessas ferramentas e a uma compreensão mais profunda da cultura digital, ajudando a discernir os aspectos positivos dos de duvidoso valor: se por uma parte podem ajudar (e ajudam) ao enriquecimento das habilidades humanas, por outra, podem gerar isolamento, exploração, manipulação, dependência e perda progressiva de contato com a realidade concreta (cf. DpC 361).

A internet e as redes sociais criam uma oportunidade extraordinária de diálogo, encontro e intercâmbio entre pessoas, bem como de acesso à informação e ao conhecimento. Não surpreende perceber que o ambiente digital é um contexto de participação sociopolítica e de cidadania ativa, podendo facilitar a circulação de informações independentes capazes de proteger com eficácia as pessoas mais vulneráveis (*Christus Vivit* 87). Por isso, os catequistas, hoje, devem estar conscientes de quanto o mundo virtual pode deixar marcas profundas, especialmente nos catequizandos mais jovens ou mais frágeis, e quanta influência podem ter na geração das emoções e no processo de construção da identidade pessoal (DpC 216).

Assim sendo, devemos aperceber-nos dos perigos da promoção indiscriminada de "*influencers*" da fé que pregam um mundo inatingível e uma fé desconectada da vida; é um contratestemunho e um desserviço ao Evangelho. Na linguagem do universo digital, são verdadeiros "*haters*" (aqueles que ensinam a odiar), dispostos a proferir discursos de ódio contra tudo e todos, inclusive contra a própria Igreja.[120]

Por outra parte, não sendo ingênuos, os catequistas devem ser cientes de que *a realidade virtual e digital não pode substituir a realidade espiritual, sacramental e eclesial vivida no encontro direto entre as pessoas*. A realidade virtual é um meio; não será a aquisição de tecnologias sofisticadas, embora necessárias para uma presença atual e válida, que decidirá a futura evangelização. Deve ficar bem que o Deus em quem acreditamos é apaixonado pelo homem e quer manifestar-se por meio dos meios humanos, ainda que pobres, porque Ele opera, transforma, constrói a vida do homem.[121] Pois, para testemunhar o Evangelho, é preciso uma comunicação autêntica, fruto da interação viva e real entre pessoas.

Anúncio e catequese na era digital

A Igreja é chamada a refletir sobre a peculiar modalidade de busca da fé dos catequizandos digitais e, consequentemente, atualizar as modalidades de anúncio do Evangelho para essas novas gerações, convidando-as a criar um novo senso de pertencimento comunitário que inclui, mas não esgota, o que eles experimentam nas redes. A catequese deve tornar-se portadora de instâncias capazes de gerar caminhos de aproximação à fé cada vez menos padronizados e mais atentos à singularidade de cada catequizando. Temos muitos desafios pela frente: educar os catequizandos jovens para a busca da autonomia, capacidade de escolher livremente e descobrir com liberdade interior o chamado de Deus. Por exemplo, o chamado de Jesus para sermos discípulos e amadurecermos seu seguimento não pode ser confundido com aquele que se estabelece entre um *influencer* e seus seguidores virtuais. Jesus oferece um caminho fraterno e solidário para formar uma nova humanidade; isso não se consegue apenas com "amizade cibernética"; precisamos realizar projetos pessoais e sociais construídos em comunidade (DpC 370).

Portanto, na era digital, será personalizada, mas nunca um processo individual: ao mundo individualista e isolado das mídias sociais se deve passar a integrar comunidades eclesiais; lugar no qual a experiência de Deus se realiza em comunhão e partilha da vivência. Ainda, não se pode subestimar o poder educador da liturgia na comunicação da fé e na introdução à experiência orante de Deus. A liturgia é uma dimensão fundamental no processo de amadurecimento da fé que não é apenas informação, é arte celebrativa. Portanto é preciso redescobrir a beleza da liturgia, que envolve toda uma arte simbólica e mistagógica para expressar os mistérios da fé.

O desafio da evangelização inclui o desafio da interação com o continente digital. É preciso estarmos alerta para "não confundir os meios com o fim", discernirmos o uso das redes para crescermos como sujeitos e irmos além da técnica para encontrarmos uma humanidade renovada em Cristo (DpC 372). A internet que queremos é uma rede feita *não para prender ou seduzir*, mas para libertar, para reunir uma comunhão de pessoas livres. A própria Igreja é uma rede tecida pela comunhão eucarística, na qual a união não se funda sobre os "*likes*", mas sobre a verdade, sobre o "*amém*" com o qual cada um se une ao corpo de Cristo, acolhendo os demais.[122] As redes sociais digitais devem ser um recurso para "abrir o caminho ao diálogo, ao encontro, ao sorriso, ao carinho" (Papa FRANCISCO).

A IVC no mundo digital: algumas pistas

Os catequistas têm diante de si inúmeras possibilidades de usar as ferramentas digitais em sua missão de levar o Evangelho aos corações dos catequizandos.

Para não esquecermos: a comunicação na humanidade utilizou por milênios da oralidade; o corpo era seu meio de comunicação. A escrita, inventada pelos sumérios por volta do ano 5000 a.C., continua a servir ainda hoje. Evoluiu fantasticamente a partir da invenção da prensa gráfica por Johann GUTEMBERG (1450). Por outra parte, a era da Internet pode ser considerada o ponto de partida para a construção de uma sociedade marcada pela "globalidade digital". Hoje, o mundo está mundialmente interligado (50% da população). São bilhões de usuários. Nesses relacionamentos digitais temos, "com um *clique*", a possibilidade de conectar-nos e desconectar-nos; muito diferente são os relacionamentos pessoais: certamente muito mais complexos e comprometedores (Zygmunt BAUMANN).

Algumas ideias para integrar o *Smartphone* como instrumento da catequese[123]

Sabemos que, por vezes, os celulares "roubam a atenção dos catequizandos", porém é possível integrá-los aos encontros catequéticos, usando de suas potencialidades. *A tecnologia tem potencial para fazer o bem ou fazer o mal*; depende do bom uso que se faz dela. Podemos criar grupos e turminhas no WhatsApp, para transmitir recados, compartilhar informações, para ser um canal de interação e participação; organizar pesquisas, sorteios, momentos de oração em família, postar breves pensamentos evangélicos e litúrgicos, ser um canal de perguntas e respostas; lembrar as atividades do grupo, os recados, aniversários..., certamente, campo fecundo para a criatividade.

O uso da Internet. Aproveitar para desenvolver trabalhos em grupos, trabalhar o tema do encontro, as pesquisas sobre assuntos de interesse, reunir informações complementares... promover debates sobre tantas situações de injustiça e desigualdade existentes na sociedade; sobretudo no que toca a qualidade de vida, a pobreza, a economia, o meio ambiente e a ecologia (Guillermo MICHELETTI. *Sugestões para o mundo digital*).

Fórum do grupo de catequese. Postar breves documentos ou relatos para serem discutidos entre todos; motivar cada um para escrever frases de própria inciativa; pode-se montar um diário da turminha; incentivar a partilha e o debate, especialmente com jovens e adultos.

Muita criatividade com jogos e dinâmicas pela internet; vídeos e música...

Enfim, os meios digitais "não devem ser vistos como inimigos" da missão do catequista, mas instrumentos modernos que podem ajudar na dinâmica dos encontros. Os conteúdos da catequese vistos na IVC permanecem os mesmos, porém a forma de transmiti-los muda com o tempo e com as novas invenções da tecnologia.

A Igreja, ao valorizar a comunicação, passou a defender o direito de usar esses recursos, inerentes ao direito de se comunicar. Além disso, com muita clareza, passou também a estabelecer como meta, em seu sistema educativo, uma adequada formação para o convívio com o mundo da comunicação (CNBB. *Diretório de comunicação da Igreja no Brasil* 232).

Em modo conclusão...

"Se alguém me provasse que Cristo está fora da verdade e se realmente ficasse estabelecido que a verdade está fora de Cristo, eu preferiria Cristo à verdade" (Feodor DOSTOIÉVSKI – filósofo e jornalista).

"Se acontecer que, no dia do juízo final, você é pego com uma semente na mão, não pense duas vezes: plante-a..." (Adágio muçulmano).

Sem dúvida, a catequese é um dos meios mais eficazes para introduzir as pessoas no mistério de Cristo, pois nela se transmite, de forma simples e substancial, sua vida e mensagem. É preciso, portanto, intensificá-la catequese e a formação na fé, tanto das crianças quanto dos jovens e adultos. A reflexão madura da fé é *luz* para o caminho da vida e *forma* para sermos testemunhas de Cristo.[124]

Não qualquer catequese, senão aquela que conta com um itinerário vivo e entusiasmante, alimento rico e fortalecedor para quem deseja ser discípulo do Senhor. Vida catequética que leve os catequizandos a uma experiência pessoal e comunitária com Jesus, celebrando sua presença e ação pelo Espírito Santo, que impulsiona o compromisso para com a comunidade eclesial e a construção do Reino, a partir dos pobres (cf. *Lucas* 4,14-21).

Pois, acima de tudo, conhecer Jesus Cristo pela fé é nossa alegria; segui-lo é uma graça e transmitir esse tesouro aos demais é uma tarefa que o Senhor nos confiou ao nos chamar e nos escolher.

Com os olhos iluminados pela luz de Jesus Cristo ressuscitado, podemos e queremos contemplar o mundo, a história, nossos povos da América Latina... e cada um de seus habitantes (DAp 17.18 - *Introdução*).[125]

Nossa alegria baseia-se no amor do Pai, na participação do mistério pascal de Jesus Cristo, que, pelo Espírito Santo, nos faz passar da morte para a vida, da tristeza para a alegria, do absurdo para o sentido profundo da existência, do desalento para esperança que não engana.

Essa alegria não é sentimento artificialmente provocado nem estado de ânimo passageiro. O amor do Pai nos foi revelado em Cristo, que nos convidou a entrar em seu Reino. Ele nos ensinou a orar dizendo "*Abba, Pai*" (*Romanos* 8,15; cf. *Mateus* 6,9).

Caríssimos catequistas, ofereço-lhes essas breves reflexões sobre variados temas que podem vir em ajuda a seu contínuo crescimento e amadurecimento no agir catequético. Surgiram da gratidão e da gratuidade de meu coração.

Uno-me ao sonho do papa FRANCISCO, que deseja uma Igreja capaz de superar a mesmice, a autorreferencialidade, a cultura do descarte; de iluminar a revolução da misericórdia e da ternura, com a cultura do encontro, que neutralize a globalização da indiferença, por meio de uma profunda conversão ecológica..., que alimente o entusiasmo, germine sonhos, suscite profecias, promova o florescimento de esperanças, acalente os corações inspire nossas mentes com a luz do Evangelho e dê novas forças a nossas mãos.[126]

A todos vocês, catequistas do Brasil, minha imensa gratidão. Que o Papai de Jesus Cristo e nosso lhes multiplique as bênçãos para que estas páginas possam aquecer o coração e a mente de vocês, para que sejam sempre os destemidos anunciadores do Reino.

A gente se vê por aí...

Notas de fim

[1] Revista publicada mensalmente na Diocese de Santo André.

[2] Com os termos "*Padres*" ou "*Pais da Igreja*" se faz referência a escritores leigos, presbíteros ou bispos da antiguidade cristã, considerados pela tradição posterior como testemunhas autorizadas da fé. Os estudiosos assinaram algumas qualificações peculiares a essa paternidade eclesial: ortodoxia de doutrina, santidade de vida, aprovação eclesiástica e antiguidade. No entanto não esperemos encontrar neles doutrinas acabadas, burladas e irrefutáveis. Isso é compreensível, olhando os primeiros séculos do cristianismo; pois tudo estava – podemos dizer – em "ebulição", "fermentação".
[Cf. PADRES APOSTÓLICOS. *Apresentação*. São Paulo: Paulus, 1995[2], p. 7].

[3] Cf. Donaciano MARTÍNEZ e Outros [Org.]. *Proponer la fe hoy. De lo heredado a lo propuesto*. Santander: Sal Terrae, 2005, p. 13-14.

[4] Cf. Walther RUSPI. *Prospettive per una catechesi di iniziazione cristiana alla luce di Evangelii Gaudium*. In: Catechesi 86, julho/setembro, 2017, p. 54-55.

[5] Cf. Cláudio PASTRO. *Guia do espaço sagrado*. São Paulo: Loyola, 1999[2], p. 58.

[6] Marcello SEMERARO. *La spiritualità dell'evangelizzatore in Evangelii Gaudium*. In: Catechesi 86, p. 48-49.

[7] Flavio PLACIDA. La catechesi al servizio della missione della Chiesa. *Le prospettive di Evangelii Gaudium*. In: Catechesi 86, p. 20-21.

[8] Cf. José M. CASTILLO. *A humanidade de Jesus*. Petrópolis: Vozes – nota 3, p. 114.
[9] Cf. Cuadernos Cristianismo i Justicia – 20/10/2020.
[10] Papa FRANCISCO. Carta Encíclica: *Fratelli Tutti. Sobre a fraternidade e a amizade social*. São Paulo: Paulus, 2020.
[11] Víctor María FERNANDEZ – Arcebispo de La Plata/ Argentina.
[12] Cf. María José CARAM. *Fratelli Tutti, a nova encíclica social do Papa Francisco.* In: O LUTADOR 3929, 21/10/2020.
[13] Massimo BORGHESI. *Uma nova "Pacem in terris"*. In: L'Osservatore Romano 43, 27, outubro, 2020, p. 9.
[14] João PAULO II. *Centesiumus annus* [n. 273], afirmava que, se não existe uma verdade transcendente, na obediência à qual o homem adquire sua plena identidade, então não há qualquer princípio seguro que garanta relações justas entre os homens.
[15] Cf. Victor Manuel FERNANDEZ. *Claves para una lectura profunda de la encíclica Fratelli Tutti.* In: AICA, 4/10/2020.
[16] Jacques-Bénigne BOSSUET nasceu em Dijon/França, em 27/09/1627. Educado em estudos de humanística pelos jesuítas, foi bispo e teólogo, uma das personalidades mais influentes em assuntos religiosos, políticos e culturais da França, na segunda metade do século XVII, e considerado o maior de todos os oradores cristãos. Faleceu em Paris, em 12/04/1704.
[17] BORGHESI. *Uma nova "Pacem in terris"*, p. 9.
[18] Cf. FERNANDEZ. *Claves para una lectura profunda de la encíclica Fratelli Tutti.*

[19] Cf. GONZÁLEZ FAUS. *Utopia y Espiritualidad,* p. 110.

[20] Cf. Agenor BRIGHENTI. *Por uma evangelização realmente nova.* In: Perspectiva Teológica, 125, janeiro/abril, 2013, p. 88-89.

[21] Cf. BRIGHENTI. *Por uma evangelização realmente nova,* p. 90-91; CNBB. *Iniciação à vida cristã.* Brasília: Edições CNBB, n. 43 e 44, p. 31.

[22] O gnosticismo [do grego Γνωστικισμός: Γνωσις; gnostikos: conhecedor, sábio'] é um conjunto de correntes filosófico-religiosas sincréticas oriundas da região do mediterrâneo durante os séculos I e II d.C., alicerçado em interpretações de relatos bíblicos apócrifos e de cultos de mistérios greco-romanos e orientais. Mescla-se ao cristianismo primitivo dos primeiros séculos desta e é fora condenado como heresia após um período de prestígio entre os intelectuais cristãos. Com base em interpretações heterodoxas e alternativas do pentateuco e doutros relatos da Escritura hebraica e cristã, os gnósticos afirmam que o universo material (cosmo) foi criado por uma emanação imperfeita do Deus supremo chamada demiurgo, para prender a centelha divina (espírito) no corpo humano. Essa centelha poderia, então, ser liberta por meio da gnose: que seria o conhecimento intuitivo sobre o espírito e a natureza da realidade.

[23] Pelágio [latim: Pelagius] nasceu provavelmente na Britânia em 350. Foi monge ascético. Estabeleceu-se em Roma por volta de 405. Escreveu dois livros: Sobre o pecado e o livre-arbítrio e a graça [De natureza e Do livre-arbítrio]. Suas opiniões foram criticadas por Agostinho e seu amigo Jerônimo. Foi inocentado das acusações sobre heresia pelo Síno-

do de Dióspolis [Palestina - 415]; condenado como herege pelo bispo de Roma em 417/418 e pelo Primeiro Concílio de Éfeso em 431. Morreu, provavelmente, por volta de 432. Pelágio ensinava que o ser humano poderia cumprir os mandamentos de Deus por suas próprias forças, sem que para isso tivesse necessidade de um auxílio divino interior. O poder que temos de fazer o bem é poder exclusivo de Deus; é a graça por excelência. O querer e o fazer, isto é, o uso daquele poder, é assunto do ser humano. Nada pode alterar, limitar ou impedir a liberdade fundamental recebida do Criador. O mérito do ser humano reside na vontade e na boa obra. Mas esse mérito remonta a Deus, que deu ao ser humano a possibilidade da vontade e da obra, sempre auxiliada pela graça.

[24] Cf. BRIGHENTI, p. 93-94; GeE 35-62.

[25] Miguel LÓPEZ – Diretor da Catequese da Diocese de Compostela – Membro do AECA.

[26] Cf. Víctor CODINA. *Ser cristiano en Europa?* In: Cuadernos Cristianisme i Justícia 218, abril 2020, p. 22.

[27] Cf. José COMBLIN. *Evangelizar.* São Paulo: Paulus, 2010, p. 5-11.

[28] Cf. José Antonio PAGOLA. *Grupos de Jesus*. Petrópolis: Vozes, 2016; – *Voltar a Jesus. Para a renovação das paróquias e comunidades.* Petrópolis: Vozes, 2016.

[29] Cf. BRIGHENTI, p. 100-102; CASTILLO. *A humanidade de Jesus.*

[30] Cf. CODINA. *Ser cristiano en Europa?*, p. 16.

[31] Cf. Israel NERY. *Iniciação cristã, catequese e comunicação.* In: VV.AA. *V Conferência de Aparecida.* Renascer de uma esperança. São Paulo/Uruguai: Paulinas/Amerindia, p. 229-234; Guillermo D. MICHELETTI. *Minidicionário da Iniciação à Vida Cristã.* São Paulo: Ave-Maria, 2017.

[32] Cf. José María CASTILLO. *La religión de Jesús. Comentario al Evangelio diário* – 2020, Bilbao: Desclée de Brouwer, 2019, p. 55-56.
[33] Cf. ASOCIACIÓN ESPAÑOLA DE CATEQUETAS. *La Catequesis que soñamos.* Buenos Aires: PPC Argentina, 2015.
[34] Cf. *O mundo torna-se melhor com um "obrigado".* L'Osservatore Romano 1, 5 janeiro, 2021, p. 2.
[35] Cf. Edward GUIMARÃES. IV Semana Brasileira de Catequese. In: *O Lutador 3908*, janeiro 2019, p. 6-7.
[36] Cf. Luiz Alves de LIMA. *A alegria de iniciar discípulos missionários.* In: SBCat. *A catequese a serviço da Iniciação à Vida Cristã.* Petrópolis: Vozes, 2018, p. 17.24-25.
[37] Cf. Mensagem final da 4ª Semana Brasileira de Catequese [Indaiatuba – 18/11/2018].
[38] Cf. Ildo Bohn GASS. *Comentário ao Quinto Domingo do Tempo Comum* – Ciclo B. In: CEBI.
[39] Cf. AICA. *El Papa pide impregnar de oración las situaciones cotidianas* – 10/02/2021.
[40] Cf. Wolfgang H. SPINDLER. *Trasmettere la fede ai bambini.* Leumann: Elledici, 2008, p. 83.
[41] Cf. SPINDLER. *Trasmettere la fede ai bambini*, p. 84.
[42] Cf. Marcelo BARROS e Outros. *Conversa com o Evangelho de Marcos.* Editora Senso, 2018, p. 63.
[43] Cf. CENTRO EVANGELIZZAZIONE e CATECHESI. *Scuola per catechisti.* Leumann: Elledici, 2014, p. 286-287.
[44] Cf. Fernando ALTEMEYER JUNIOR. *Em busca da Verdade.* In: O Mensageiro de Santo Antônio, setembro, 2023, p. 21; citando J. RATZINGER (BENTO XVI). El nuevo Pueblo de Dios. Herder, 1972, p. 346.

[45] Por tradição apostólica, que tem sua origem no dia da ressurreição de Cristo, a Igreja celebra, a cada oito dias, o Mistério Pascal, naquele que se chama justamente "Dia do Senhor" ou "Domingo". Nesse dia, devem os fiéis reunir-se em assembleia para ouvirem a Palavra de Deus, participarem da Eucaristia e, assim, recordarem a paixão, ressurreição e glória do Senhor Jesus e darem graças a Deus... O domingo é, pois, o principal dia de festa que deve ser lembrado e inculcado na piedade dos fiéis [cf. SC 106].
[46] Recomendo praticar as atitudes orantes que ofereço em meu livrinho: *10 conselhos singelos para educar os filhos na vida cristã. Geramos nossos filhos. E agora?* São Paulo: Ave-Maria, 2019, p. 27-28.
[47] Cf. AICA. *El Papa pide impregnar de oración las situaciones cotidianas* – 10/02/2021.
[48] Cf. PEDOTTI. *Il libro della fede dei bambini,* p. 52-53.
[49] Cf. SPINDLER. Trasmettere la fede ai bambini, p. 84-85.
[50] Cf. CATEQUÉTICA. *Cada noche, al acostarte.* 4, julho/agosto, 2016, p. 265.
[51] Cf. Guillermo D. MICHELETTI. *10 conselhos singelos para educar os filhos na vida cristã.* São Paulo: Ave-Maria, 2019, p. 23-28.
[52] Cf. Luis M. BENAVIDES. *Metodologia catequística para niños. Como dar catequesis hoy.* Buenos Aires: PPC, 2007, p. 175.
[53] Cf. Elza H. de ABREU/Ronaldo ZACHARIAS [orgs.]. *Sagrada Escritura e Teologia. Por uma responsabilidade social e comunitária da fé cristã.* São Paulo: Paulinas/UNISAL, 2011, p. 18-19; *E seguiram Jesus... caminhos bíblicos de iniciação.* Brasília: CNBB, 2018, p. 13-15.

[54] De fato, Crisóstomo é uma palavra grega composta: ouro [crisós = κρυσός] e boca [stoma = στόμα], o que significa "boca de ouro".

[55] Cf. ABREU/ZACHARIAS. *Sagrada Escritura e Teologia*, p. 19-21.

[56] Cf. Carlos MESTERS. *A concepção bíblica da Palavra de Deus*. In: ABREU/ZACHARIAS. Sagrada Escritura e Teologia – notas 6 e 7, p. 26-27.

[57] Cf. Leomar A. BRUSTOLIN/Maria A. BARBOZA. *Comunidade: casa da Palavra. Na perspectiva da animação bíblica da pastoral e da iniciação à vida cristã.* In: Vida Pastoral 335, setembro/outubro, 2020, p. 35.

[58] Cf. Papa FRANCISCO. *Obedientes e criativos como os santos inspirados pela Palavra de Deus*. In: L'Osservatore Romano 5, 2 fevereiro, 2012, p. 3.

[59] Cf. Papa FRANCISCO. *A Bíblia é palavra viva que dá vida. In: L'Osservatore Romano 18, 30 de abril 2019*, p. 5.

[60] Recomendo o livrinho: *CNBB. Leitura Orante. "Fala, Senhor, teu servo escuta"*. Brasília: CNBB, 2014[2].

[61] Cf. BRUSTOLIN/BARBOZA. *Comunidade: casa da Palavra,* p. 36.

[62] Cf. FRANCISCO. *Obedientes e criativos como os santos inspirados pela Palavra de Deus,* p. 3.

[63] Cf. Enzo BIANCO. *Lectio Divina. Encontrar Deus na sua Palavra.* São Paulo: Editora Salesiana, 2009, p. 41-42.

[64] Cf. Luís M. BENAVIDES. *SOS Catequese. Em busca de novos rumos*. Aparecida: Santuário, 2013, p. 112-113.

[65] Cf. Papa FRANCISCO. *Carta Apostólica Scripturae Sacrae affectus*. In: L'Osservatore Romano 40, 6 outubro 2020, p. 9.

[66] Papa FRANCISCO. *Discurso aos membros da Associação Bíblica Italiana*. In: AICA – 7 de setembro 2023.

[67] Cf. BENAVIDES. *Metodologia catequística para niños,* p. 177-178.
[68] Cf. Consuelo VELEZ. *En el mes de la Biblia. Redescubramos a Palabra de Dios.* In: Religión Digital – 29/08/2023.
[69] Cf. Papa FRANCISCO. *Como uma carta de amor.* In: L'Osservatore Romano 4, 28 janeiro 2020, p. 2.
[70] Nasceu em Nísibis [atual Nusaybin/Turquia], provavelmente em 306. Iniciado na vida cristã pela sua piedosa mãe, aos 18 anos recebeu o batismo. Em 338, Nísibis foi atacada pelos persas e Efrém correu para ajudá-la. Ordenado diácono, estabeleceu-se definitivamente em Edessa, onde dirigiu uma escola. Aí morreu em 9 de junho de 373. Bento XV o declarou "Doutor da Igreja" [1920]. Homem de vida austera e fervoroso propagador da genuína doutrina sobre Cristo, servia-se da poesia como excelente meio pastoral, mesmo nas homilias e nos sermões, razão porque foi chamado "a harpa do Espírito Santo". Seu profundo conhecimento da Sagrada Escritura oferecia a sua rica veia poética o elemento mais propício para imergir nos mistérios da verdade e extrair úteis ensinamentos para o povo de Deus. Notável poeta de Nossa Senhora, a ela dirigiu 20 hinos, com expressões de terna devoção. Invocava Maria como "a mais resplandecente do que o sol, conciliadora do céu e da terra, paz, alegria e salvação do mundo, honra das virgens, toda pura, incorrupta, santíssima, inviolada, venerável, honorífica...".
[71] Francesco LAMBIASI. *Vorrei leggere la Bibbia. Mi aiutate?* Bologna: EDB, 2015, p. 12-13.
[72] A modo de sugestão: O capítulo 4º *"Saibamos narrar a vida de Jesus"*, de meu livrinho "10 conselhos singelos

para educar os filhos na vida cristã". São Paulo: Ave-Maria, 2019, p. 33-38.

[73] Cf. Eduardo CALANDRO/Jordélio S. LEDO. *Psicopedagogia Catequética.* Vol. 1 – Criança. São Paulo: Paulus, 2010. p. 27-28; Domenico CRAVERO. *Il mondo magico del bambino. Testo di aprofondimento per i catechisti e per i genitori.* Leumann: Elledici, 2012, p. 63-72.

[74] Por exemplo: Guillermo D. MICHELETTI. *As 12 Parábolas de Jesus. Para usar na catequese em forma de Leitura Orante.* Petrópolis: Vozes, 2014.

[75] Cf. ACOFOREC. *O potencial religioso da criança* [Deus e a criança 1]. São Paulo: Paulinas, 2008, p. 117-125.

[76] Cf. ACOFOREC. *O potencial religioso da criança*, p. 141-147.

[77] Cf. Manuel J. Jiménez RODRIGUEZ. *Familia e Iniciación Cristiana.* In: Revista de Catequese 145, janeiro/junho, 2015, p. 33-49.

[78] Cf. Elvira BIANCO. *La formazione religiosa in famiglia.* In: Dossier Catechista 7, março, 2007, p. 16.

[79] Recomendo: Luiz Alexandre Solano ROSSI. *Nos passos de São Luís e Santa Zélia. Os pais de Santa Teresinha.* São Paulo: Paulus, 2017.

[80] Cf. David R. VEERMAN e Outros. *101 Questions Children Ask about God* – Introduction. Illinois: Tyndale House Publishers, 1992.

[81] Cf. Valentino BULGARELLI. *Iniziazione Cristiana* 0-6 anni. Bolonha: EDB, 2013, p. 56-58.

[82] Cf. BULGARELLI. *Iniziazione*, p. 70-71.

[83] Cf. Domingos ORMONDE. *Querigma com crianças e adolescentes. Liturgia na catequese-3.* In: Revista de Liturgia 275, setembro/outubro, 2019, p. 29.

[84] Cf. ORMONDE. *Querigma com crianças e adolescentes*, p. 29.
[85] Cf. Assunta STECCANELLA. *Parlare de fide in famiglia*. In: Dossier Catechista, 4 janeiro, 2015.
[86] Cf. CATEQUÉTICA. *Una catequesis en familia para cualquier día del año*. Sal Terrae 1, janeiro/fevereiro, 2017, p. 54-55.
[87] Cf. Patricia CÓRDOBA. *Actividades para un verano en familia*. In: CATEQUÉTICA, 4, julho/agosto, 2018, p. 243-244.
[88] Cf. PEDOTTI. *Il libro della fede dei bambini*, p. 56-57.
[89] Aconteceu em Cartago, atual Tunísia, a comemoração dos santos mártires de Abitínia, que, na perseguição do imperador Diocleciano, tendo-se reunido como habitualmente para celebrar a assembleia dominical contra o interdito imperial, foram presos pelos magistrados da colônia e pelo presídio militar. Conduzidos para Cartago e interrogados pelo procônsul Anulino, apesar dos tormentos, todos confessaram ser cristãos, declarando que não podiam deixar de celebrar "o Dia do Senhor"; por isso, em diversos lugares e tempos, derramaram o seu sangue por Cristo.
[90] Cf. Carlos Gustavo HAAS. *Sem o dia do Senhor não podemos viver*. In: CNBB. *Liturgia em Mutirão II. Subsídios para a formação*. Brasília: Edições CNBB, 2009, p. 70-71.
[91] Charles PEGUY. *La esperanza cristiana*. In: Víctor CODINA. *El cielo, esperanza y compromisso*. Maliaño: Sal Terrae, 2018, p. 121 [tradução minha].
[92] É bonito o que exprime um religioso jesuíta e cientista que trabalha na specola vaticana: "Nós estudamos a criação para nos aproximar do Criador. E como sabemos o quanto nós temos nos aproximado dele? Um sinal é a sensação de alegria; uma alegria que experimentamos quan-

do nos deixamos guiar por uma maravilhosa intuição sobre como funciona o universo; [...] os descobrimentos de outras pessoas nos enchem de alegria e de uma sensação de 'integridade' ao ver como as peças se encaixam entre si; alegria que, quando experimentada, resulta inconfundivelmente excitante" [Guy CONSOLMAGNO. *La fe de un científico*].

[93] Cf. CODINA. *El Cielo*, p. 106-112; AGOSTINHO. *De Civitate Dei*, 32,30.

[94] "Na redação dos livros sagrado, Deus escolheu homens, dos quais se serviu fazendo-os usar suas próprias faculdades e capacidades, a fim de que, agindo Ele próprio neles e por eles, escrevessem, como verdadeiros autores, tudo e só aquilo que Ele próprio quisesse" [DV 11a].

[95] Cf. CODINA. *El Cielo,* p. 103; Andrés Torres QUEIRUGA. *Um Deus para hoje*. São Paulo: Paulus, 2006[3].

[96] CIRILO DE JERUSALÉM. *Catechese. ill. 18,29: PG 33,1049* [n. 1835]. In: CIC 1050.

[97] Cf. Paulo Roberto GOMES. *O céu. Festa preparada e celebrada.* In: Afonso MURAD/Carlos CUNHA/Paulo Roberto GOMES. *Da terra ao céu. Escatologia cristã em perspectiva dialogal.* São Paulo: Paulinas, 2016, p. 123-124.

[98] Cf. Gianfranco VENTURI. *Caro Don Gianfranco. Una risposta a tutte le domande dei catechisti.* Torino: Elledici, 2016, p. 136-138.

[99] Cf. José Adalberto SALVINI. *A finitude de vida terrena e a esperança cristã.* In: Revista de Liturgia 218, março/abril, 2010, p. 25; Renold BLANK. Escatologia da Pessoa. *Vida, morte e ressurreição – Escatologia* I. São Paulo: Paulus, 2000[3], p. 91-100. Hoje a escatologia propõe um modelo multidimensional do ser humano: dimensão psí-

quica, dimensão pessoal [o Eu na interioridade], dimensão, dimensão emocional, dimensão material, dimensão histórica, dimensão social e dimensão cósmica.

[100] Cf. Ralfy Mendes de OLIVEIRA. *Vocabulário de Pastoral Catequética.* São Paulo: Loyola, 1992, p. 188.

[101] Cf. Emmanuelle RÉMOND-DALYAC. *Le domande difficili del catechismo.* Torino: Elledici, 2010, p. 60-61.

[102] Leopoldo PANERO. Escrito a cada instante. In: José I. GONZÁLEZ FAUS. "Já vou, Senhor". ITAICI 120, junho, 2020, p. 94. Sabe-se da vida de Francisco que, diante da iminência de sua morte, mandou trazer o livro dos Evangelhos e pediu que lessem o Evangelho de São João, a partir do trecho: 'Antes do dia da festa da Páscoa'... Lembrava-se daquela sagrada ceia que foi a última celebrada pelo Senhor com seus discípulos. Fez tudo isso para celebrar todo o amor que ele tinha para com seus frades. [Noutro lugar, disse]: Quando perceberdes que cheguei ao fim, do jeito que me vistes despido antes de ontem, assim me colocai no chão e lá me deixai ficar mesmo depois de morto, pelo tempo que alguém levaria para caminhar uma milha, devagar.

[103] Cf. GONZÁLEZ FAUS. *Utopia y Espiritualidad*, p. 141.

[104] Cf. José M. CASTILLO. *La religión de Jesús. Comentário al Evangelio diário/2021.* Bilbao: Desclée de Brouwer, 2020, p. 77.

[105] Cf. GONZÁLEZ FAUS. *"Já vou, Senhor"*, p. 94.

[106] Papa FRANCISCO. *Comunicación y misericordia, un encuentro profundo.* In: José Luis QUIJANO. *Medios de Comunicación social: – Rivales o aliados?* Revista de Catequese 151, janeiro/julho, 2018, p. 23.

[107] Esta definição foi proposta por Marc Prensky, em seu livro "Digital Natives, Digital Immigrants".

[108] Cf. Luiz MARINS. *Educar é uma tarefa que tem começo e não tem fim para os pais.* In: Jornal O São Paulo, 22-28 agosto 2018, p. 15.

[109] Cf. Ricardo SENRA. *O vício do celular e a reabilitação.* In: O Lutador, junho 2018, p. 44-45. Neste artigo se fala da luxuosa clínica "Paradigm", a 30 km de São Francisco, onde o valor da diária é de R$ 5.000,00. No entanto, para entrar nessa clínica milionária, há fila de espera... Em conversa com os diretores, disseram que o uso indiscriminado da "Internet" pode incutir transtornos agravados de humor e na saúde mental; pois, às vezes, serve de "refúgio seguro e anônimo", que afasta os jovens de seus relacionamentos sociais e do mundo real em um círculo vicioso. Há casos de jovens que passam 20 horas diárias "plugados" em redes sociais.

[110] Cf. QUIJANO. *Medios de Comunicación social: – Rivales o aliados?,* p. 22-23.

[111] Cf. S. BORELLO e M. ROSELLI. *Por uma Segni dei tempi e new media.* In: Catechesi 2, abril/junho, 2017, p. 79-91.

[112] Cf. Marco SANAVIO. *Per una Catechesi efficace con i "nativi digitali".* In: Catechesi 6, julho/agosto, 2014-2015. p. 70-71; Roberto ROMIO. *Educazione religiosa e nuove tecnologie della comunicazione: rischi e opportunità.* In: Catechesi 6, p. 58.

[113] Cf. A. SPADARO. *Cyberteologia.*

[114] Cf. QUIJANO. *Medios de Comunicación social: – Rivales o aliados?,* p. 26.

[115] Cf. Papa FRANCISCO. *Messages in occasion of de World Communications Days*, 2014.

[116] Cf. Martín Carbajo NUÑEZ. *"Everything is related".*

Dialogue, network communication, and integral ecology. In: REB 315, janeiro/abril, 2020, p. 104.

[117] Cf. BISPOS CATÓLICOS DA AUSTRÁLIA. *Making it real: genuine human encounter in our digital world* – 11/2019.

[118] Guillermo D. MICHELETTI. *Técnicas e formas modernas de evangelização: como utilizar a era digital para atrair os catequizandos* – Subsídio de formação para catequistas da Diocese de Santo André – Segunda Etapa/2023.

[119] Cf. Pedro Henrique Mendonça FERNANDES. *Influenciadores Digitais.* In: Ecoando 82, junho/agosto, 2023, p. 21.

[120] Cf. FERNANDES. *Influenciadores Digitais*, p. 21.

[121] Cf. Papa FRANCISCO. *Discurso aos participantes do Conselho para as Comunicações/2013.*

[122] AGASSO Jr. *Do "like" ao "amém", perigos e vantagens da Internet.*

[123] Cf. Roberto NENTWIG/Karina de Carvalho. *Catequese no mundo comunicacional,* p. 93-101.

[124] Cf. Israel NERY. *Iniciação cristã, catequese e comunicação.* In: AMERINDIA [org.]. *V Conferência de Aparecida. Renascer de uma esperança.* Uruguay/São Paulo: Amerindia/Paulinas, 2008, p. 230.

[125] No texto falam os bispos em Aparecida, mas, pelo compromisso missionário que brota da vida e missão batismal, isso pode ser aplicado a todos os membros da Igreja, por isso, de modo particular, aplico-o aqui aos queridos catequistas [p. 16-17].

[126] Cf. Santiago MADRIGAL. *De pirámides y poliedros. Señas de identidad del pontificado de Francisco* – Introdução. Maliaño: Sal Terrae, 2020, p. 24-25.

Índice

Este livro foi composto com as famílias tipográficas Times New Roman e impresso
em papel offset 70 g/m² pela **Gráfica Santuário**.